beck'sche reihe

bsr

Wollen Sie kostenlos wohnen, kostenlos essen und trinken, kostenlos telefonieren, kostenlos Urlaub machen, eine nagelneue Skiausrüstung völlig umsonst bekommen und sich nie mehr über zu Unrecht berechnete Bankgebühren und zu hohe Versicherungsbeiträge ärgern? Dann halten Sie das richtige Buch in Händen. Hier erfahren Sie nicht einfach nur die neuesten Tips für Schnäppchenjäger, sondern wie Sie im Alltag ganz konkret billiger leben und dabei auch noch eine Menge Spaß haben können – und zwar von A wie Abonnement bis Z wie Zeitung. Bleibt nur noch die Frage: Was fangen Sie mit dem vielen gesparten Geld an ...!?

Hermann Ehmann, geboren 1964, ist promovierter Germanist, Theologe und Pädagoge. Er war wissenschaftlicher Assistent an der Ludwig-Maximilians-Universität München, unterrichtete mehrere Jahre am Gymnasium und lebt heute als freier Autor und Redakteur bei München. Bei C.H.Beck lieferbar sind seine Lexika der Jugendsprache „Affengeil“ und „Oberaffengeil“ sowie sein Ratgeber „Ist mein Kind Legastheniker?“

Hermann Ehmann

Billiger Leben

Spartips, die Spaß machen
von A – Z

Verlag C.H.Beck

Die Deutsche Bibliothek – CIP-Einheitsaufnahme

Ehmann, Hermann:
Billiger Leben : Spartips, die Spaß machen von A–Z.
– Orig.-Ausg. – München : Beck, 2000
(Beck'sche Reihe ; 1353)
ISBN 3 406 42153 9

Originalausgabe
ISBN 3 406 42153 9

Umschlagentwurf: +malsy, Bremen
Umschlagabbildung: zefa/SIS, Mike Dammer

Gesamtherstellung: C. H. Beck'sche Buchdruckerei, Nördlingen
Printed in Germany

Vorbemerkung

Der Grund, warum ich dieses Buch geschrieben habe, ist ein sehr persönlicher: Obwohl ich stets ganz gut verdiente, war ich über viele Jahre hinweg am Monatsende regelmäßig pleite, weil ich mein ganzes Geld für unnötige bzw. unsinnige Dinge ausgegeben hatte. Als ich einmal für längere Zeit erkrankte, liefen mir plötzlich sämtliche Kosten wie Miete, Versicherungen, Strom, Wasser, Telefon usw. davon – als Freiberufler bekam ich ja keine Lohnfortzahlung. Zu allem Überfluß hatte ich noch eine größere Steuernachzahlung zu leisten, so daß ich gezwungen war, einen Kredit aufzunehmen. Diese verfahrene Situation hatte aber auch ihre positive Seite: Denn nun war ich zum ersten Mal wirklich gezwungen, mein Konsumverhalten von Grund auf umzukrempeln – schnell stellte ich fest, daß ich eine viel zu teure Wohnung hatte, völlig unsinnige Versicherungspolicen bei den teuersten Assekuranzen besaß, astronomisch hohe Bankgebühren bezahlte, gewohnheitsmäßig in den teuersten Lebensmittelläden einkaufte und überhaupt auf ziemlich großem Fuß lebte. An diesem Tag beschloß ich, fortan bewußter zu leben, wurde sparkreativ und suchte nach konkreten Einsparmöglichkeiten im täglichen Leben – und siehe da: Meine Lebensqualität *stieg* in dem Maße, wie ich mich bemühte, weniger auszugeben und meine Konsumbedürfnisse auf das Notwendige zu reduzieren. Meine finanzielle Situation entspannte sich schnell wieder, doch jetzt machte ich mir ein Spiel daraus, meine *Billiger-leben*-Philosophie fortzuführen und so weit als möglich zu perfektionieren. Ich fand Mittel und Wege, um fortan mietfrei zu leben (siehe → Wohnen), weitgehend umsonst zu essen (→ Essen), zu telefonieren (→ Telefonieren), kostenlos Urlaub zu machen (→ Urlaub), keine Bankgebühren (→ Banken, → Girokonto) mehr zu bezahlen und so weiter.

Die besten Sparideen, die ich zum größten Teil für mich selbst in die Praxis umgesetzt habe, habe ich in diesem Buch zusammengestellt. Viel Spaß beim Ausprobieren und Sparen.

München, im Januar 2000 *H.E.*

Liebe Leserin, lieber Leser,

Anregungen, Tips, Hinweise und Ideen nimmt der Autor unter der E-Mail-Adresse *hehmann@aol.com* gerne entgegen.

Alle Adressen, Telefonnummern und Preise in diesem Buch wurden sorgfältig recherchiert und auf ihre Richtigkeit überprüft (Redaktionsschluß November 1999). Da Änderungen natürlich jederzeit möglich sind, müssen Verlag und Autor die Haftung ausschließen.

Einführung

Schnäppchenführer, wohin das Auge reicht! In vielen Buchläden nehmen sie die besten Plätze direkt neben der Kasse ein. Wer heute ein neues Fahrrad, einen Fitneßturm oder einen neuen Rasenmäher sucht, geht in der Regel nicht in das nächste Fachgeschäft, sondern liest sich erst mal quer durch diverse Spezial-Schnäppchenführer, um den vermeintlich billigsten Anbieter in seiner Nähe herauszufinden. Zwölfjährige Wohlstands-Kids verschlingen diese neue „literarische Gattung“ ebenso gierig wie budgetorientierte Hausfrauen, gutverdienende Akademiker und preisbewußte Rentner. Second-Hand und Fabrikverkauf sind angesagt. Beratung ist out. Extremsparen als Steckenpferd, ja als Kult, als ritualisierte Lebensanschauung im Zeitalter des ALDI'ismus! Modernes Fasten im Überflußzeitalter! So weit, so gut.

Aber was bringen Schnäppchenführer wirklich? Nach meinen Recherchen sind die in diesen Führern genannten „heißen Adressen“ gar nicht so heiß, sprich: nur selten sind sie wirklich die günstigsten Anbieter für den gesuchten Gegenstand – im Gegenteil: Wenn man weiß, daß Firmen viel Geld dafür bezahlen, um in einschlägigen Schnäppchenführern genannt zu werden, und sich der angebliche „Fabrik- oder Lagerverkauf“ nicht selten als ganz normaler Ladenverkauf mit teilweise genauso hohen Preisen wie im Einzelhandel entpuppt, ist Skepsis angebracht. Und leisten Schnäppchenführer nicht auch einem Kaufrauschverhalten Vorschub, indem sie fragwürdige Konsumbedürfnisse überhaupt erst wecken – nach dem Motto: „Kaufe alles, was du nicht brauchst. Hauptsache, du bekommst es günstig“?

Das Buch, das Sie in Händen halten, ist ganz bewußt *kein Schnäppchenführer*, sondern verrät Ihnen, wie Sie konkret billiger leben können. Keine Angst: Sie sollen nicht zum Minimalisten werden oder Ihre gewohnte Lebensqualität von einem Tag auf den anderen einschränken! Vielmehr bringt dieser lexikalische Ratgeber zahlreiche Tips, Ideen und Vorschläge, wie im Alltag an vielen Dingen konkret und ganz leicht *gespart* werden kann. Ob, wie und inwieweit Sie diese Tips umsetzen (wollen und können), bleibt Ihnen selbst überlassen. Mehrere hundert Telefonnummern, Kontaktadressen, Faxabrufe und Fabrikadressen helfen beim bewußteren Geldausgeben in allen Lebensbereichen. Sämtliche Anregungen können weitergedacht, verfeinert, modifiziert und ganz individuell umgesetzt werden. *Billiger leben* ist nicht nur eine ökonomische Notwendigkeit, wenn die Mittel nicht ausreichen, sondern es kann zu einer Lebensphilosophie werden: Warum stets mehr verdienen als erforderlich? Warum mehr ausgeben als nötig?

Sie werden schnell merken: Sparen macht enorm viel Spaß, und es ist viel leichter, als man denkt. Mit diesem Buch sind Sie bestens gerüstet und lernen schnell die wichtigsten Kniffe, um die täglichen Geldfallen zu umgehen. Kluges Haushalten und sinnvolles Sparen setzen einen kontrollierten Überblick über eine Vielzahl von Kostenfaktoren voraus. Nur Sie selbst können für sich ermitteln, wo Ihr Geld bleibt und wo Sie Schwachstellen beim Geldausgeben restlos beheben können.

Wie jedes Lexikon eignet sich dieses Buch sehr gut zum Querlesen. Vorsorglich weise ich darauf hin, daß nicht jeder Tip für jedermann bzw. jedefrau gleich gut geeignet ist und daß sich Telefonnummern bekanntlich häufig ändern – Recherchier- und Redaktionsschluß für dieses Lexikon war November 1999. Möglicherweise werden sich Moralisten an dem einen oder anderen Tip stören, der ans Schnorren grenzt. Aber wie heißt es so schön: Not kennt kein Gebot!

Spartips von A bis Z

A

Abonnements

Printmedien kommen im Abonnement rund 30 Prozent billiger, als wenn man sie jeden Tag am Kiosk kaufen würde. *Beispiel: Ein Jahres-Abo der „Süddeutschen Zeitung" kostete 1999 432 DM (jährliche Ersparnis: ca. 120 DM), das Studentenabo 298,80 DM (Ersparnis pro Jahr: ca. 254 DM). Da kann es sich sogar rechnen, wenn man sich als Student immatrikuliert (Semestergebühr je nach Hochschule verschieden!). Eine mögliche Alternative ist das günstigere Wochenend-Abo (bei der SZ für 90 DM).* Nachteil von Abonnements: Normalerweise verlängert sich die Belieferung automatisch um ein Jahr, sofern nicht zu einem vereinbarten Kündigungstermin eine Abbestellung veranlaßt wurde (am besten per Einschreiben mit Rückschein, um einen Beweis zu haben!). Ein außerordentliches Kündigungsrecht kann nur wahrgenommen werden, wenn der Zeitungsvertreiber seinen Vertragspflichten nicht nachkommt und es bei der Belieferung Probleme gibt, z.B. durch einen unzuverlässigen Zusteller. Bei Ärger mit Verlagen empfehle ich, die örtliche Verbraucherzentrale (Adressen im Artikel → Verbraucherzentralen) zu kontaktieren – hier erhält man kompetente Beratung in Vertragsdingen.

Abwasch *(→ Geschirrspülen)*

ADAC

Für 74 DM pro Jahr (junge Erwachsene bis zu 27 Jahren in Ausbildung: 37 DM) erhält das Mitglied die monatlich erscheinende Zeitschrift *Motorwelt*, einen Abschleppgutschein bis zur nächsten Werkstatt und eine Pannenhilfegarantie. Für ältere Vehikel mag eine ADAC-Mitgliedschaft durchaus sinnvoll sein, für neuere Autos hingegen ist sie laut Pannenstatistik unnötig. Sollte man tatsächlich mal auf einen „gelben Engel" angewiesen sein, kann man immer noch direkt vor Ort Mitglied werden – und theore-

tisch nach einem Jahr wieder austreten (Kündigungsfrist beachten!). *Sondertip:* Wer ein neues Mitglied wirbt, bekommt ein Wunschgeschenk, z.B. ein Kassettenradio.
Adresse: Am Westpark 8, 81373 München, Telefon: 089/7 67 60; E-Mail: adac@adac.de; Internet: http://www.adac.de

Adventskranz

Man kann ihn für rund 30 DM fix und fertig bei Tengelmann und Co. kaufen oder aber – sofern man nicht ganz darauf verzichten will – zum Nulltarif selber basteln. Abgefallene Zweige finden sich in jedem Fichten- oder Tannengehölz, die Kerzen kann man selbst aus eingeschmolzenen Wachsresten (bei Nachbarn, Freunden und beim Pastor nachfragen!) spielend leicht herstellen. Die Dochte, die vor dem Kaltwerden des heißen Wachses eingezogen werden müssen, erhält man für Pfennigbeträge in jedem Bastlergeschäft.

Aktien(depot)

Was hat dieses Stichwort im *Billiger-Leben*-Buch verloren? Tatsache ist: Wer zum falschen Zeitpunkt das falsche Papier einkauft und sein Depot auch noch bei einer teuren Bank führt, muß viel sparen, um die herben Verluste wieder auszugleichen. *Beispiel: Im Juli 1998 stand der Deutsche Aktienindex DAX bei 6.211 Punkten, im Oktober 1998 bei 3.982. Wer zu diesem Zeitpunkt Anteile eines DAX-Indexfonds verkaufte, machte ein Minus von mindestens 40 Prozent, bei Einzelaktien sogar bis zu 80 Prozent. Am schlimmsten erwischte es diejenigen, die auf den Software-Riesen SAP gesetzt hatten: Sein Wert sank von 1.480 DM (Höchststand: Juli 1998) auf 602 DM (Tiefststand: Februar 1999) – dabei hatten fast alle Banken die Aktie als „unbedingten Kauf“ empfohlen.*
Deshalb: Wer trotz aller Warnungen im Aktienkonzert mitspielen will, sollte sich nur mit „Blue Chips“ (große Standardwerte wie Coca-Cola, Daimler-Chrysler, Telekom, Siemens usw.) eindecken, Sparpläne mit festen Monatsbeträgen einrichten (sogenannter „Cost-Average-Effekt“), auf Optionsscheine verzichten (Totalverlust möglich!) und sein Depot grundsätzlich bei einer Direktbank (Adressen unten) mit geringen Gebühren führen. Für die Aufbewahrung von Wertpapieren auf dem Depotkonto fallen – je

nach Bank – stark unterschiedliche Gebühren an. Einige Institute verzichten ganz auf eine Mindestgebühr pro Jahr, berechnen statt dessen eine Mindestgebühr pro Posten oder einen Prozentsatz vom Kurswert. Entscheidend für die tatsächliche Gebührenbelastung ist bei der Aufbewahrung die genaue Zusammensetzung des Depots. Nicht nur die Zahl der Posten ist zu berücksichtigen, sondern auch deren genaue Verwahrzeit auf dem Depot. Im ungünstigsten Fall beträgt allein die jährliche Depotgebühr bei einem Guthaben von 10.000 DM bis zu 300 DM (z.B. bei der Deutschen Bank) – von den Kosten für Ankauf und Verkauf ganz zu schweigen. Die folgenden Direktbanken sind preislich interessant:

Advance Bank (Tochter der Dresdner Bank)	München	Telefon: 01803 / 33 00 33
Bank 24 (Tochter der Deutschen Bank)	Bonn	Telefon: 01803 / 24 00 00
Comdirect Bank (Tochter der Commerzbank)	Quickborn	Telefon: 01803 / 33 64 44
ConSors Discount Broker	Nürnberg	Telefon: 0130 / 84 09 40
Direkt Anlage Bank (Tochter der Hypovereinsbank)	München	Telefon: 01802 / 25 45 00
Dresdner Order Discount	Frankfurt/ Main	Telefon: 0130 / 83 77 77

Aldi

Warum werden die Reichen immer reicher? Ganz einfach – weil sie bei ALDI einkaufen und dadurch jede Menge Geld sparen! Fakt ist: Laut Statistik sind die Kunden des ALDI-Konzerns hauptsächlich Angehörige mittlerer und gehobener Einkommensschichten, während die unteren Einkommensschichten eher bei „Plus“, „Edeka“ oder „Spar“ einkaufen – kurios, nicht? Zwar ist der ALDI-Boom, der seinen Höhepunkt laut Geschäftsbericht des Konzerns im Jahre 1997 erreichte, inzwischen wieder etwas abgeflacht, dennoch weiß mittlerweile jedes Kind, daß bei ALDI kein Schund verkauft wird – die breite Angebotspalette reicht von Lebensmitteln über Schreibwaren, Fahrräder, Matratzen bis hin zum Intel-Pentium-Computer samt Zubehör. Unbedingt lesenswert: das 1999 erschienene Taschenbuch mit dem Titel „Kochbuch mit ALDI-Produkten“ von Heide Fronek (Südwest-Verlag, 9,90 DM). Die Autorin stellt darin komplette Menüideen für die ganze Familie ab 1 DM vor. *(http://www.aldi.com)*

Anrufbeantworter

Die kleinen, schwarzen „Nervtöter“ aus Fernost bekommt man zwar inzwischen fast überall für weniger als 50 DM regelrecht nachgeworfen. Dennoch ist Sparfanatikern von diesem technischen Gerät aus drei Gründen abzuraten: Erstens verschlingt der Anrufbeantworter laut Verbraucherzeitschrift *Guter Rat* im Jahr Strom für ca. 35 DM (diese Kosten fallen bei den praktischen Mailboxen, die ins → Handy integriert sind, schon mal weg). Zweitens erwartet der Anrufer natürlich Ihren Rückruf – das kostet Sie Telefongebühren. Wer Sie wirklich erreichen will, muß es eben öfter versuchen oder – ganz konventionell – einen Brief schreiben. Und drittens ist man durch den Anrufbeantworter im Prinzip immer erreichbar – was manchmal ziemlich nervend sein kann. Also: darauf verzichten oder notfalls auf eine Handy-Mailbox umsteigen: Teilnehmer der Funktelefonnetze D1, D2 und C-Netz können zusätzlich zu ihrem Anschluß eine Sprachspeicherbox schalten lassen, was einem Anrufbeantworter gleichkommt. Diese elektronischen Briefkästen sind vielseitiger und kosten nichts extra.

Antibabypille

Diese Verhütungsmethode ist zwar die sicherste, geht aber erheblich ins Geld – zwischen 25 und 60 DM kostet eine 3-Monats-Packung dieser Hormonpillen. Alternative: Man greift auf billigere → Re-Importe zurück, die denselben Wirkstoff in gleicher Dosierung enthalten. Laut einer Untersuchung des Zentrallabors der Deutschen Apotheker, das 17 von Importfirmen eingeführte Versionen der Antibabypille *Marvelon* mit dem deutschen Original verglich, gibt es keinen Unterschied in Wirkung und Dosierung – dabei kosteten die Re-Importe häufig nicht einmal zwei Drittel des deutschen Originals. Am billigsten sind die Präparate innerhalb Europas in Griechenland, Italien und Spanien – also beim nächsten Urlaub daran denken.

Preisvergleich Antibabypillen (3-Monats-Packung)		
Pille	*Deutsches Präparat*	*Re-Import*
Microgynon	25,50 DM	ca. 19 DM
Minulet	53,96 DM	ca. 38 DM
Oviol	47,85 DM	ca. 37 DM
Stediril	53,96 DM	ca. 36 DM
Trinordiol	53,96 DM	ca. 37 DM
Triquilar	44,17 DM	ca. 33 DM
Diane 35	49,80 DM	ca. 35 DM
Marvelon	44,90 DM	ca. 25 DM

Der Bundesverband der Arzneimittelimporteure, Althofstraße 46, 45468 Mülheim/Ruhr, verschickt kostenlos Listen mit Antibabypillen, die es als Re-Importe gibt. Außerdem nennt er Vertriebsquellen. Wer genau weiß, welche Medikamente er benötigt, aber in nächster Zeit nicht ins Ausland kommt, kann sich auch direkt an einen Versandimporteur wenden, z.B. die Firma EMS (Express Medical Service) in Hamburg. Eine Liste aller verfügbaren Präparate bzw. Bestellscheine kann man unter Telefon 040/290 64 12 anfordern.

Sondertip, um ganz umsonst in den Genuß der Pille zu kommen: Der Gynäkologe muß lediglich ein Rezept ausstellen, welches bestätigt, daß eine medizinische Indikation vorliegt (z.B. Akne oder hormonell bedingte Ekzeme), die eine Behandlung mit einer Hormonpille (z.B. *Diane 35*) erfordert. Dann bezahlt die Krankenkasse das Präparat über mehrere Jahre hinweg. Eine andere Möglichkeit ist eine Kostenbefreiung wegen geringen Einkommens (Grenze derzeit 1.717 DM brutto). Der Antrag hierfür muß bei der zuständigen Krankenkasse gestellt werden.

Anwaltskosten *(→ Rechtsstreit)*

Arzneimittel *(→ Medikamente)*

Auktionen

Eine Brillantbrosche für 250 DM, ein Biedermeierschränkchen für 525 DM – oder sogar ein Traumhäuschen im Grünen für 40.000 DM. Zehntausende Versteigerungen bieten Riesenchancen für jeden Geldbeutel – meist weit unter Normalpreis. Die Angebotspalette ist schier grenzenlos. 1999 kamen über 45.000 Häuser und Wohnungen im Wert von 25 Milliarden DM unter den Hammer; bei Gold und → Schmuck beispielsweise ist das Einstiegsgebot bei einer Versteigerung normalerweise halb so hoch wie der tatsächliche Wert der Ware. Bis zu 80 Prozent betragen die Preisnachlässe bei Autos, Sportartikeln, Kleidern und Gemälden. Lohnenswert sind vor allem Industrieversteigerungen (Geschäftsauflösungen, Konkursmasse). Allerdings braucht man sehr viel Geduld, wenn man genau das finden will, was man sucht. Wer nicht bis zu einer Zwangsversteigerung warten will, kann auch zuvor bereits beim regionalen Amtsgericht die Adresse des Konkursverwalters erfragen. Dort bekundet man – am besten in schriftlicher Form – ganz konkret sein Interesse an bestimmten Gegenständen. Um auf einer Auktion zuschlagen zu können, benötigt man in jedem Fall einen Personalausweis sowie genügend Bargeld (Euroschecks nicht überall möglich!). Wichtig: Bei vielen Auktionshäusern (Adressen siehe unten) kommt noch ca. 22 Prozent Aufgeld hinzu. Am besten erkundigt man sich vorher über die Zahlungsmodalitäten – etwa, wenn man sich telefonisch über Termine informiert. Der Versteigerungsmodus kann variieren (unterschiedliche Steigerungsschritte, z.B. 50 DM- oder 100 DM-Schritte), seine Gebote reicht man in der Regel durch Armheben ein. Wer Nerven sparen will: schriftliche (Höchst-)Gebote einreichen! Besonders interessant sind Auktionen der Deutschen Bahn AG sowie von Behörden (Bundeswehr, Finanzamt) oder Fundbüros.
Termine und Orte für die Versteigerungen von Fundsachen der Deutschen Bahn AG (Kleidung, Bücher, Schirme, Taschen, Fahrräder) lassen sich beim Zentralen Fundbüro der Bahn in Wuppertal telefonisch erfragen. *Telefon: 0202/35 24 42 oder 030/29 72 96 1 (Termine: jeweils am 1. Dienstag und Mittwoch eines Monats zwischen 9 und 13 Uhr). Weitere Fundbüros der Bahn AG: Hamburg, Telefon: 040/39 18 26 85 (jeweils am 1. Mittwoch, Donnerstag und Freitag des Monats); Frankfurt, Telefon: 069/2 65 56 45*

(an den ersten drei Werktagen jedes Monats); Stuttgart, Telefon: 0711/20 92 24 69 (jeweils am 1. Montag und Dienstag eines Monats); München, Telefon: 089/1 28 58 59 (jeweils an den letzten drei Werktagen des Monats); Berlin, Telefon: 030/29 72 90 12 oder 29 72 96 22.

Weitere lohnenswerte Versteigerungsadressen und -termine:

- *Bundeswehr (Werkzeug, Fahrzeuge), Vebeg GmbH, Postfach 111953, Frankfurt, Telefon: 069/75 89 70; Termine sind im Bundesausschreibungsblatt verzeichnet; dieses ist erhältlich über folgende Adresse: Bundesausschreibungsblatt GmbH, Postfach 200180, 42128 Düsseldorf.*
- *Deutsche Post AG (Autos, Faxgeräte, Fahrräder); vier- bis sechsmal jährlich; die Termine sind verschieden, einfach bei den Postämtern erfragen oder Telefon 0421/44 95 51 3 anrufen!*
- *Finanzämter (Immobilien, Schmuck und andere gepfändete Gegenstände); die Termine sind verschieden, einfach beim Finanzamt erfragen oder Telefon 089/42 77 90 (Zentralfinanzamt München) anrufen!*
- *Zoll (Spirituosen, Zigaretten, Autos, Boote und andere beschlagnahmte Gegenstände); wegen Terminen direkt bei der lokalen Zollbehörde anrufen!*
- *Lufthansa (Gepäckstücke aller Art): die „Lost & Found"-Versteigerungen sind regelmäßig ein heißer Auktionspoker um ca. 7.000 Fundstücke: Für 50 DM einen Rucksack samt Inhalt oder für 200 DM einen Louis-Vuitton-Koffer. Teurer Schmuck, Schwarzgeld, Dessous oder sonstiges – was drinsteckt, weiß keiner. Denn geöffnet werden darf erst nach dem Ersteigern. Gekauft wird sozusagen die Katze im Sack ... Wegen Terminen bei der Gepäckermittlungszentrale nachfragen. Telefon: 069/ 6 90 31 10 oder Versteigerung durch das Auktionshaus Wendt (Infonummer: 06151/29 35 15).*

Zur Zeit gibt es in Deutschland noch rund 130 Auktionshäuser, einige davon mit langer Tradition. Beachten Sie, daß Gewährleistungsrecht und Umtausch grundsätzlich ausgeschlossen sind. *Hier die Top-Ten der deutschen Auktionshäuser: Auktionshaus Altus, Kalckreuthstraße 4–5, 10777 Berlin, Telefon: 030/2 18 18 18; Auktionshaus am Europacenter, Budapester Straße 43, 10787 Berlin, Telefon: 030/2 65 22 83; Auktionshaus Tiedjen & Co. (Münzen, Medaillen, Numismatik), Spitaler Straße 30, 20095 Hamburg,*

Telefon: 040/33 03 68; Auktionshaus Dörling (Bücher, Graphiken, Gemälde), Neuer Wall 40, 20354 Hamburg, Telefon: 040/3 74 96 10; Auktionshaus Königsallee GmbH, Königsallee 76, 40212 Düsseldorf, Telefon: 0211/32 70 21; Auktionshaus Glockenspielhaus (Schmuck, antike Uhren, Kunst), Hostatostraße 3, 65929 Frankfurt, Telefon: 069/30 30 30; Auktionshaus Döbritz, Braubachstraße 10–12, 60311 Frankfurt, Telefon: 069/28 77 33; Auktionshaus Arnold, Bleichstraße 42, 60313 Frankfurt, Telefon 069/28 27 79; Grüne's Leihhäuser (Deutschlands größtes Leihhaus), Bayerstraße 43, 80336 München, Telefon: 089/53 12 16; Auktionshaus Max Walther, Rosenheimer Straße 46, 81699 München, Telefon: 089/48 96 39.

Auch im Internet finden (meist englischsprachige) Auktionen statt, die nach demselben Prinzip funktionieren: Der User gibt ein Gebot ab und erfährt per E-Mail, ob er den Zuschlag erhalten hat. Bezahlt wird entweder per Banküberweisung oder per Nachnahme.

Hier einige Adressen:
http://www.mediasell.de; http://www.bazar-online.de;
http://www.ltu.com; http://www.lufthansa.de;
http://www.timeworld.com; http://www.zuschlag.de.

Auslaufmodelle

Auslaufmodelle sind vor allem bei → Autos, → Computern/Computerprogrammen, → Fotoartikeln, → Elektrogeräten und → Kleidungsstücken interessant. Oft ist nur die Typenbezeichnung eine andere, während die vorgenommene Neuerung absolut marginal ist. In vielen Fällen handelt es sich gar nicht um eine Verbesserung, sondern der neue Typ ist sogar störanfälliger (weil noch gar nicht richtig ausgereift) als das alte Modell. Daher fährt man mit Auslaufmodellen genauso gut, wenn nicht sogar besser als mit Prototypen. Das oft gehörte Argument, daß bei technischen Geräten in einigen Jahren die Ersatzteile knapp werden könnten, zieht nicht – jeder Hersteller ist nämlich verpflichtet, mindestens zehn Jahre lang entsprechende Ersatzteile zu liefern. Einziger Nachteil: Wer ein Auslaufmodell nach einigen Jahren weiterverkaufen will, bekommt nicht mehr viel dafür.

Auslandseinkauf

Daß im Ausland wegen der geringeren Arbeitslöhne vieles (z.B. Immobilien, Autos, aber auch viele Gebrauchsgegenstände des täglichen Lebens) zum Teil erheblich preiswerter ist als in good old Germany, ist nichts Neues. Allerdings ist vor jedem Kauf unbedingt zu prüfen, ob die Ware verzollt werden muß bzw. was die Einfuhr kostet (beim Händler fragen oder beim Zollamt anrufen!) – manchmal ist dann nämlich die Ersparnis schon aufgezehrt. Im übrigen handelt es sich bei vielen Waren, die im europäischen Ausland preiswerter zu haben sind, um Luxusartikel wie Parfüms, Designeranzüge, Weine, Schmuck, Alkoholika usw. *Beispiel: Das Parfüm „Moments" (Priscilla Presley) kostet in Münchner Parfümerien zwischen 60 und 66 DM, im Duty-free-Shop am Münchner Flughafen 56 DM und in Paris nur 48 DM; ähnliche Preisabschläge stellte ich bei „Dune" (Christian Dior) und „Eternity" (Calvin Klein) fest.* Man kann aber auch so manche Gebrauchsartikel in anderen Ländern recht günstig kaufen, wie die folgende Übersicht zeigt. Wo es was zur Zeit am billigsten gibt, erfährt man regelmäßig in Verbraucherzeitschriften wie *Guter Rat* oder *Plus*.

Übersicht über einige Produkte im europäischen Preisvergleich:

Produkt	Preisspanne	Höchster Preis	Niedrigster Preis
Kamera Canon Prima Super 135	64 %	300,30 Deutschland	201,80 Tschechien
Rasierer Braun Flex integral 5414	39 %	107,10 Österreich	76,90 Spanien
Jeans Levi's 501	33 %	159 Deutschland	56,50 Italien
Polohemd Lacoste L 1212	27 %	68,20 Österreich	53,50 Spanien
Radio/CD-Player Sony cfd-V10	26 %	107,80 Italien	85,50 Deutschland
Parfüm Chanel No. 5	24 %	43,10 Belgien	34,80 Italien
Uhr Swatch The Classics	53 %	39,20 Belgien	25,70 Italien

Hinweis: Die Preise verstehen sich in DM. Dabei handelt es sich um reguläre Ladenpreise – nicht um Sonderangebote!

Land	Diese Dinge sind z. T. wesentlich billiger als in Deutschland
Amerika/Kanada/ Australien/ Neuseeland	Autos, Medikamente, Nahrungsergänzungsmittel (Vitamine, Spurenelemente, Mineralstoffe), Elektronik (HiFi, Computer, Telekommunikation usw.), Jeans, Babyausstattung, Kinderwagen u. v. m.
Italien	Autos, Medikamente, Geschirr, Designer-Möbel, Lampen, Spirituosen, Schuhe, Lederwaren, Schmuck, Haushaltsartikel, Bastelbedarf, Kleidung
Frankreich	Autos, Medikamente, Spirituosen, Parfüm
Spanien	Autos, Medikamente, Spirituosen, Schuhe, Lederwaren, Schmuck, Kleidung
Griechenland	Autos, Medikamente, Spirituosen, Schuhe
Skandinavien	Autos, Medikamente, Möbel
Tschechien und gesamter Ostblock	Kraftstoff, Grundnahrungsmittel aller Art, Spirituosen
Österreich	Sprirituosen, Trachtenmode, Walk- und Strickwaren, Skiausrüstung (teilweise)

Bewertung: Von wenigen Ausnahmen (Medikamente, Autos, Duty-free-Einkauf z.B. im Flugzeug) abgesehen, bewerte ich den Kauftourismus eher kritisch. Bei im Ausland gekauften elektrischen Geräten gibt es zu Hause nicht selten Probleme mit der DIN-Normung (Netzspannung!), und auch Garantiefälle sind – geeintes Europa hin oder her – über die Landesgrenzen hinweg erfahrungsgemäß schwer einzufordern. Second-Hand-Waren (Adressen siehe den Artikel →Second-Hand), →Remittenden bzw. Retouren oder der →Gebrauchtkauf via Inserat kommen unter dem Strich meist billiger. Mögliche Alternative: Auslandseinkauf per Internet (Adressen siehe im Artikel →Internet) – allerdings muß man hier noch Versandkosten, Provider- und Onlinegebühren rechnen. Richtig viel Porto kann anfallen, wenn Ihnen ein (via Internet angeblich bestellter) Gegenstand zugestellt wird, den Sie gar nicht bestellt haben bzw. den Sie aus irgendwelchen Gründen zurückgeben möchten.

Autoersatzteile *(→ Autofriedhof)*

Autofahren

Kavalierstart-Freaks aufgepaßt: Laut *ADAC-Motorwelt* lassen sich mit einem defensiven, vorausschauenden Fahrstil sage und schreibe 29 Prozent Kraftstoff sparen. Bei 10.000 gefahrenen Kilometern pro Jahr macht das bei einem durchschnittlichen Benzinverbrauch von 8 Litern/100 Kilometer den stattlichen Betrag von ca. 450 DM. *Spezialtip:* Untertouriges Fahren (im Drehzahlbereich von 1.200 bis 2.000 Touren) spart laut ADAC zusätzlich bis zu 20 Prozent Sprit und verdoppelt die Lebensdauer der Zündkerzen bzw. der Zündspule (bis zu 80.000 Kilometer). Ein höherer Motorverschleiß ist laut ADAC nicht zu befürchten, sofern man nicht permanent unter 1.200 Umdrehungen bleibt. Einzige „Nebenwirkung“: Das Auto wird mit der Zeit „lahmer“ und zieht nicht mehr so gut – für Gebirgsfahrer besonders ärgerlich!

Autofriedhof

Das Klischee der Schrotthalde ist nach meiner Erfahrung nicht haltbar. Viele Autofriedhöfe sind regelrechte Second-Hand-Freiluftdorados mit reichhaltigem Angebot. Hier finden sich teilweise recht gut erhaltene Ersatzteile verschiedener Marken zu Spottpreisen. Kotflügel, Kühlerhauben, Türen, Abdeckklappen, Scheinwerferverglasungen, Lichtmaschinen usw. muß man nicht teuer beim Autohändler oder im „autorisierten“ Fachhandel kaufen – allenfalls noch bei Großhändlern wie *Stahlgruber* oder *Schindelar* (Adressen in den regionalen Gelben Seiten). Besser aber ist der Autofriedhof: Zwar ist hier manchmal etwas Geduld erforderlich, bis das gewünschte (Ersatz-)Teil eintrifft, aber erfahrungsgemäß muß man als Besitzer eines der gängigen Automodelle (Golf, Polo, Corsa, Toyota Starlet, Mitsubishi Colt usw.) nie länger als zwei, drei Wochen warten. *Tip:* einfach auf dem Schrottplatz (oder auf mehreren!) seine Telefonnummer oder Adresse hinterlassen – man wird dann im Optimalfall angerufen, wenn das entsprechende Teil da ist. Der Preis richtet sich nach dem Zustand des gebrauchten Teils (von fast neuwertig bis angerostet) und ist in der Regel Verhandlungssache. Eine Alternative sind Unfallverwertungs-Werkstätten, die schrottreife Autos aufkaufen und ausschlachten – auch hier kommt man oft recht günstig an einen gut erhaltenen Seitenspiegel oder eine Motorhaube.

Autoinspektion

Die regelmäßigen teuren Service-Inspektionen beim Vertragshändler kann man, so die Empfehlung unabhängiger ADAC-Experten, getrost vergessen, ebenso den im Serviceheft empfohlenen Ölwechsel alle 10.000 bis 15.000 Kilometer – es sei denn, das Fahrzeug ist absolut nagelneu und Sie wollen die Werksgarantie bzw. die Mobilitätsgarantie nicht verlieren. Die Hersteller lassen sich so Ihre (eigentlich selbstverständlichen) Garantie-Serviceleistungen sozusagen im voraus bezahlen. Laut *ADAC-Motorwelt 1/1999* führten 84 von 100 getesteten Werkstätten (quer durch alle Automarken) die Inspektion schlampig aus (eingebaute Fehler wurden übersehen!), tauschten unnötigerweise voll funktionsfähige Teile aus und/oder verlangten überhöhte Service-Preise. Teilweise wurden sogar Leistungen berechnet, die überhaupt nicht durchgeführt worden waren. Nach Auskunft unabhängiger KFZ-Meister sind Inspektionen überflüssig, weil moderne Autos so konstruiert sind, daß sie bis zu etwa 100.000 Kilometer keine Wartung benötigen. Lediglich ein → Ölwechsel sollte alle 40.000 bis 50.000 Kilometer durchgeführt werden (Ölfilter alle 80.000 Kilometer). Weiter zu beachten:

- Alle 100.000 Kilometer (je nach Fahrweise) empfiehlt sich zur eigenen Sicherheit der Austausch der Bremsklötze.
- Alle 100.000 Kilometer sollte prophylaktisch der Zahnriemen am Motorblock ausgetauscht werden (sonst Gefahr eines Motorschadens!).
- Nur bei Bedarf Batterie, Zündspule, Keilriemen und Stoßdämpfer austauschen (lassen) – nie jedoch einfach so zwischendurch.

Ansonsten gilt: Ab und zu Ölstand, Reifendruck, Profil, Kühlerflüssigkeitsstand, Bremsflüssigkeitsstand und Beleuchtung prüfen – das kann jeder ganz einfach selbst. Mehr ist laut ADAC nicht nötig. Im übrigen kann man getrost davon ausgehen, daß beim nächsten TÜV-Termin Sicherheitsmängel ohnehin moniert werden.

Autokauf

Zunächst der wichtigste Tip: Auf keinen Fall ein Auto neu oder bei einem teuren Vertragshändler in Deutschland kaufen! In den ersten beiden Jahren verliert es 35 Prozent an Wert – technisch gesehen ist ein zwei Jahre alter Wagen aber absolut neuwertig. Daher lautet die Devise: Gebrauchtkauf! Wer dennoch ein neues Auto will, sieht sich am besten im europäischen Ausland um. Wenn man genau weiß, was man will, läßt man sich Angebote von Markenhändlern aus Bozen, Faro oder Kopenhagen *(Adressen erhält man über die Telekom-Auslandsauskunft, Telefon 1 18 34)* faxen. Der Kauf läßt sich bequem per Fax, Telefon oder E-Mail tätigen, das Fahrzeug wird beim nächsten Urlaub mitgenommen. Ein Risiko geht man dabei nicht ein, da die Werksgarantie auch für Importwagen gilt. Die günstigsten Kaufländer innerhalb Europas sind zur Zeit Portugal, die Niederlande, Spanien, eingeschränkt auch Italien und Belgien. Je nach Hersteller und Modell sind bei einem Neuwagenkauf Einsparungen bis zu 35 Prozent möglich. *Beispiel: Ein VW Polo mit 50 PS (Grundausstattung) kostet in Deutschland 19.950 DM, in Spanien 14.900 DM, in Italien 15.800 DM, in Belgien 16.110 DM.* Einen Preisindex, der halbjährlich aktualisiert wird, erhält man gegen Einsendung von 15 DM in Form von Internationalen Antwortscheinen (bei der Post erhältlich) bei der Verbraucherorganisation der Europäischen Gemeinschaft: BEUC, Stichwort: Autopreise in der EU, Avenue de Tervueren 36-bt4, B-1040 Bruxelles. Die Broschüre kann auch über das Münchner Büro bestellt werden: *Erhardstraße 27, 80331 München.* Noch günstiger bekommt man Autos teilweise in Amerika, Kanada, Australien oder Neuseeland. Wer sowieso vorhat, demnächst in einem dieser Länder Urlaub zu machen, sollte noch so lange mit dem Autokauf warten. Wichtig: In Deutschland ist die Leuchtweitenregulierung (= Schweinwerfer-Höhenverstellung) vorgeschrieben, die in anderen Ländern nicht zur Pflichtausstattung gehört. Die Nachrüstung schlägt mit rund 200 DM zu Buche. Und wie funktioniert die Überführung nach Deutschland? *Erstens:* Beim Händler bekommen Sie ein Überführungskennzeichen des Kauflandes (beim Händler erfragen!). *Zweitens:* Zu Hause müssen Sie innerhalb von zehn Tagen unter Vorlage der Rechnung bei dem für Sie zuständigen Finanzamt die 16%ige

Mehrwertsteuer zahlen. *Drittens:* Unbedenklichkeitsbescheinigung des Kraftfahrt-Bundesamtes beantragen (Adresse siehe unten!). *Viertens:* Mit allen Unterlagen geht es jetzt zur Versicherung (Doppelkarte!) und zur Zulassungsstelle. Die Zulassungsstelle verlangt folgende Papiere:

- Paß oder Personalausweis
- Versicherungs-Doppelkarte
- Originalkaufrechnung
- ausländische Fahrzeugpapiere
- Prüfprotokoll des TÜV oder der DEKRA
- Unbedenklichkeitsbescheinigung des Kraftfahrt-Bundesamtes

Letztere erhalten Sie binnen einer Woche gegen eine Gebühr von 20 DM (als Scheck beilegen!) vom KBA, 24932 Flensburg. Fordern Sie das Papier unter Angabe von Hersteller, Fahrzeugtyp, Baujahr und Fahrgestellnummer an. Inzwischen ersetzt bei vielen Neufahrzeugen die EG-Typengenehmigung (Certificate of Conformity) die Vorführung beim TÜV. Nähere Informationen erteilt der ausländische Autohändler, bei dem man das Auto bestellt.

Der ADAC-Leitfaden „Kauf eines Neufahrzeuges innerhalb der EU" kann unter folgender Adresse bestellt werden: ADAC Grenzverkehr, Am Westpark 8, 81373 München, Telefon: 089/7 67 60; E-Mail: adac@adac.de; Internet: http://www.adac.de

Erwägen sollten Sie auch den Kauf bei einem in Deutschland ansässigen Direktimporteur (Re-Importeur, freier Importeur) – Sie sparen sich damit die oben beschriebene Prozedur. Ein Re-Importeur tritt als Mittler zwischen Ihnen und dem ausländischen Händler auf und weiß, welche Modelle, welcher Hersteller momentan in welchem Land am günstigsten sind. Vereinbaren Sie schriftlich den Endpreis für das zulassungsfertige (!) Fahrzeug – einschließlich deutscher Mehrwertsteuer. Zahlen Sie erst, wenn das Auto mit deutschem Fahrzeugbrief und abgestempeltem Serviceheft zu Ihrer Verfügung steht. Manche Re-Importeure verlangen eine Bankbürgschaft, ehe sie für einen Kunden tätig werden – davon rate ich ab. Hier einige Adressen:

EG-Cars, Kölner Straße 159–161, 45481 Mülheim, Telefon: 0208/48 41 30; Euro Car, Neulandstraße 34a, 74889 Sinsheim, Telefon: 07261/92 60 69; EU-Importe, Ringstraße 13, 53225 Bonn, Telefon: 0228/46 55 99; Rotstift Import/Export, Zum Weingarten 36, 53773 Hennef, Telefon: 02242/ 8 41 29.

Wichtig bei Reparaturen: Manche Vertragswerkstätten weigern sich mit fadenscheinigen Ausreden, an einem EU-Import-Fahrzeug Garantiereparaturen vorzunehmen. Dann sofort mit einer Beschwerde beim Hersteller oder der Europäischen Kommission in Brüssel drohen. *Die Adresse: Generaldirektion für Wettbewerb, 200 Rue de la Roi, B-1049 Bruxelles.* Um sich möglichen Ärger beim TÜV zu sparen (zum Beispiel bezüglich Schadstoffklasse, Lärm- und Abgasvorschriften, Motorleistung), sollte man sich vom Importeur schriftlich bestätigen lassen, daß die Ausstattung des Fahrzeuges den deutschen Zulassungsvorschriften entspricht. Eine weitere Möglichkeit, billig an ein Auto zu kommen, sind → Auktionen (ehemalige Firmenwagen aus der Konkursmasse).
Letzter Tip: Manche Leihwagenketten verschleudern nach ein paar Jahren ihre Fahrzeuge zu Spottpreisen – einfach mal nachfragen! Europcar (Telefon: 089/97 59 70 01; http://www.europcar.de), Hertz (Telefon: 089/1 29 50 01), Sixt-Budget (Telefon: 089/74 44 40), Avis (Telefon: 089/12 60 00 20).
Internet-Adressen: http://www.gebrauchtwagen.de; http://www.sixt.de; http://www.auto-datenbank.de; http://www. autoscout24.de; http://www.bfi-ev.de; E-Mail: autowolf@sparkasse.net.

Autoreparaturen

Daß man die teuren Vertragswerkstätten einzelner Marken meiden sollte, versteht sich von selbst. Unabhängige Tester haben herausgefunden, daß dort auch nicht besser gearbeitet wird als bei No-name-Werkstätten oder Tankstellen *(Quellen: ADAC-Motorwelt, Stiftung Warentest).* Die anonymen Tester präparierten ein Auto mit Fehlern und stellten es 100 Werkstätten vor. Ergebnis: Nur zwei Drittel fanden den Fehler. Und viele, die den Fehler nicht fanden, kassierten den Kunden trotzdem ab. Obwohl die Hersteller ihren Vertragshändlern feste Reparatursätze für Materialkosten und Arbeitszeit vorgeben, von denen offiziell nicht abgewichen werden darf, kann es einem passieren, daß man für ein- und dieselbe Reparatur (z.B. Bremsklötze auswechseln) nur 80 DM oder aber 300 DM bezahlt *(ADAC-Motorwelt 1/1999).* Wenn man sich von einer Vertragswerkstatt übers Ohr gehauen fühlt, hilft nur eine schriftliche Beschwerde beim Hersteller – dieser setzt sich mit der Werkstatt in Verbindung und mahnt diese ab. Oft reicht auch schon die Drohung, den Hersteller zu informieren, um den Reparaturpreis deutlich zu senken. Bei freien Werkstätten wendet man sich bei Verdacht auf zu hohe Reparaturkosten an die jeweilige Innung oder die regionale Verbraucherzentrale (Adressen siehe → Verbraucherzentrale). Am billigsten ist es natürlich, einfachere Reparaturen selbst auszuführen (Ersatzteile bei Großhandelsketten wie *Stahlgruber, Schindelar* oder auf dem → Autofriedhof besorgen, Adressen in den Gelben Seiten!) oder aber von Automechanikern privat nach Dienstschluß ausführen zu lassen (Kleinanzeigen z.B. in *Kurz und Fündig* beachten bzw. selbst kostenlos inserieren!). Viele Mechaniker verdienen sich auf diese Weise ein Zubrot. Einziger Nachteil: weder Garantieanspruch noch Mobilitätsgarantie!

Autos

Die altbekannte Binsenweisheit, daß Autos stinken, der Umwelt zur Last fallen, zur Bequemlichkeit verleiten und obendrein viel Geld kosten, will ich hier gar nicht bemühen. Deshalb ist der Hinweis, daß jemand, der mehrere hundert Mark im Monat sinnvoller ausgeben möchte, auf das Luxusgut Auto verzichten sollte, ziemlich überflüssig. Daß man in der City mit der U-Bahn bzw. anderen öffentlichen Verkehrsmitteln, dem Fahrrad oder sogar zu Fuß wesentlich schneller vorwärtskommt, weiß jeder, der es ausprobiert hat. Wer partout meint, ohne vierrädrigen motorisierten Untersatz nicht auszukommen, hat beispielsweise die Möglichkeit, die → Mitfahrzentrale in Anspruch zu nehmen oder ein Auto mit mehreren Personen (z.B. Nachbarn, Verwandten oder Freunden) zu teilen (→ Car-Sharing) – die Kosten für Versicherung, Benzin und Reparaturen verteilen sich auf diese Weise auf mehrere Benutzer.

Autoversicherung

Versicherungsfans sei gesagt, daß laut Untersuchungen von *Stiftung Warentest* und *ADAC* die meisten Autos hierzulande total überversichert sind. Für Sparfans gilt der Grundsatz: Vollkasko lohnt sich höchstens bei Neuwagen für die ersten beiden Jahre, danach reicht für Normalfahrer ohne Optikknick die Teilkasko oder auch nur die ganz normale Auto-Haftpflicht völlig aus. Zu bedenken ist auch, daß die Vollkasko grundsätzlich nur dann greift, wenn Sie sich *nicht* verkehrswidrig (überhöhte Geschwindigkeit, Halteschild überfahren, zu geringer Abstand usw.) verhalten haben – aber das müssen Sie bei einem selbstverschuldeten Unfall mit eigenem Schaden erst mal nachweisen. Häufig zahlen die Versicherungen erfahrungsgemäß trotz Vollkaskoschutz (erst mal) nicht.

Bei den Tarifen gibt es Unterschiede zwischen den Gesellschaften von bis zu 40 Prozent. Auf die Frage „Welche Versicherung ist die billigste?" gibt es heute keine Patentantwort mehr. Denn die seit 1994 eingeführten Rabatte haben zu einem schwer zu durchdringenden Tarifdschungel geführt. Kräftige Rabatte lassen sich aushandeln für Wenigfahrer (Fahrleistung unter 10.000 Kilometer pro Jahr), für Garagenautos sowie für Zweit-, Dritt- und Firmenwagen. Auch wenn nur Sie das Fahrzeug lenken, gibt es rund 10 Prozent Nachlaß. Manche Versicherungen bieten zudem speziell günstige Frauentarife, weil das weibliche Geschlecht laut Statistik weniger in Unfälle verwickelt ist. Die Allianz macht neuerdings die Beitragshöhe vom Beruf des Versicherungsnehmers abhängig. Vom Autoverkäufer bis zum Zoologen bekommen über 100 Berufe einen Rabatt bis zu 15 Prozent. Wieviel man für die Kfz-Versicherung bezahlt, hängt vom Wagentyp, dem Zulassungsbezirk (Landkreis), der Schadenfreiheitsklasse (wie lange unfallfrei?) und von den persönlichen Merkmalen und Fahrgewohnheiten ab (z. B. Garagenauto, Vielfahrer).

Und so kommen Sie bei einem unverschuldeten Unfall schnell an Ihr Geld: *Erstens:* Eine sofortige und vollständige Schadenmeldung ist das A und O – sofort darauf hinweisen, daß Sie keine Regulierungsverzögerung hinnehmen werden und gegebenenfalls Verzugszinsen berechnen. *Zweitens:* Beweise (z. B. Fotos) zur Verfügung stellen und Zeugen (z. B. Adresse der Polizeidienststelle, die den Unfall aufgenommen hat) benennen. *Drittens:* Schriftliche Schadenübersicht zusammenstellen (Werte ermitteln, Belege). *Viertens:* Abschlagszahlung verlangen – spätestens vier Wochen nach der Schadenmeldung haben Sie Anspruch darauf. *Fünftens:* Banküblichen Zinsen in Rechnung stellen – und zwar ab dem Tag der Schadenmeldung.

Die folgenden Anbieter sind bei gleicher Leistung (!) 20 bis 40 Prozent günstiger als die teuersten Gesellschaften. Ihr Vorteil: Sie verfügen über kein Vertreternetz, das unterhalten werden muß. Verkaufsgespräch und Schadenregulierung finden telefonisch statt, Sie bekommen das Angebot samt ausgefülltem Antragsformular per Post zugeschickt und müssen nur noch unterschreiben.

Anbieter	Anschrift	Telefon
Auto direkt	John-E.-Fisher-Str. 1, 61440 Oberursel	06171/69 14 79
Cosmos direkt	Halbergstr. 52–54, 66121 Saarbrücken	0681/9 66 66 66
Debeka	56506 Koblenz	0261/4 98 13 65
Deutsche Allgemeine	PF 5560, 65730 Eschborn	0180/2 34 35 01
Dialog	Dammtorstr. 13, 20354 Hamburg	040/35 08 22 87
Europa	Piusstr. 137, 50931 Köln	089/29 16 52 10
Ontos	Dürener Str. 295–297, 50935 Köln	0221/4 67 12 00
Patria	Riehler Str. 88–90, 50668 Köln	01803/32 32 80

Hinweis: Regionale Anbieter oder auf bestimmte Personengruppen (z.B. Beamte) beschränkte Gesellschaften wurden nicht berücksichtigt.

Autowerkstätten *(→ Autoinspektion, → Autoreparaturen)*

B

Babyartikel

Babyartikel und Kinderkleidung kauft man grundsätzlich nicht neu, sondern nur gebraucht (→ Kindersachen, → Second-Hand-Läden, Zeitungsinserate beachten oder selbst eines aufgeben). Die meisten Apotheken und manche Kinderarztpraxen verleihen Babywagen und andere nützliche Babyartikel gegen eine geringe Leihgebühr. Viele Pfarrgemeinden verleihen sogar komplette Babyausstattungen und sonstige Utensilien für Kleinkinder (Fieberthermometer, Stoffwindeln, Dreiräder, Kinderwagen, Buggies etc.) zum Nulltarif bzw. gegen eine kleine Spende für die Afrika-Mission. Die Artikel werden von Kirchenmitgliedern, die sie nicht mehr brauchen, zur Verfügung gestellt und immer wieder an Familien weiterverliehen. Fragen Sie einfach bei Ihrem Pastor nach (siehe auch → Windeln). Wer gekaufte Babyartikel wieder loswerden will, kann diese bei einem der zahlreichen Kinder-Second-Läden (Adressen siehe → Kindersachen) anbieten. *Fabrikverkauf: Cinderella, Ulmer Straße 99, 72555 Metzingen, Telefon: 07123/92 95 14 (1. Wahl ca. 40 Prozent, 2. Wahl 50 bis 60 Prozent); Paidi Betten, Bahnhofstraße 6, 97840 Hafenlohr, Telefon: 09391/50 10 (bis 50 Prozent).*

Baden

Während man in öffentlichen Schwimmbädern zwischen 4 und 15 DM Eintritt bezahlen muß (in manchen privaten Erlebnisbädern oder Thermen bis zu 50 DM für eine Tageskarte), kann man im idyllisch gelegenen Baggersee umsonst baden – das geht natürlich nur im Sommer. Wer keine Seen in der Nähe hat oder im Winter nicht auf das kühle Naß verzichten möchte, sollte kritische Vergleiche anstellen und Sondertarife nutzen (z.B. halber Preis bis 10 Uhr oder nach 18 Uhr). Nicht immer sind die teuersten Bäder auch die komfortabelsten – eine regionale Telefonrecherche zahlt sich fast immer aus. *Beispiel: Im (völlig runderneu-*

erten) Münchner Westbad zahlt man täglich bis 10 Uhr nur 5 DM (für Erlebnis-Schwimmbecken mit Riesenrutsche, Sauna, Dampfbad, 2 Whirlpools und Sole-Außenbecken), danach kostet es bis 20 Uhr 13 DM (20 bis 22 Uhr wieder 5 DM), im Schwabinger Nordbad ganztägig 5 DM (drei Schwimmbecken, Dampfbad, Whirlpool und Außenbecken). Zum Vergleich: Im Volksbad im Stadtzentrum von München kostet das Dampfbad allein schon 20 DM. Und es muß auch nicht unbedingt das mondäne „Alpamare“ in der Kurstadt Bad Tölz sein, wo man für drei Stunden satte 54 DM zu löhnen hat. Daher: vor dem Badebesuch unbedingt recherchieren!

Bahnfahren

„Am Wochenende“, sprach Lukas, der Lokomotivführer, „fahren 5 für 35 Mark.“ Und so geschah es. – Mit diesem Slogan wirbt die Deutsche Bahn AG für ihr Schönes-Wochenende-Ticket. Daß die Deutsche Bahn AG mehr mit Unfreundlichkeit und schlechtem Service als mit kostengünstigen Angeboten glänzt, ist nach meinen Recherchen ein Vorurteil. Wer die richtigen Sonderangebote nutzt, kann mit dem Zug noch immer sehr billig verreisen. So gibt es Gruppentarife („Mitfahrerpreis“ ab zwei Personen), Familientarife und das „Schöne-Wochenende-Ticket“ für Reisen in die Umgebung samstags *oder* sonntags zum Preis von 35 DM – allerdings nur auf bestimmten Zügen (nicht für IC, ICE, Interregio – vorher erfragen!). Letzteres gilt für höchstens fünf Personen bis 18 Jahre, Eltern mit ihren eigenen Kindern und/oder höchstens zwei Erwachsene. Seit neuestem gibt es noch den Familien-Supersparpreis. Das Angebot wendet sich an Alleinerziehende oder Familien, wenn nur ein Erwachsener mit den Kindern verreist. Dieses Ticket ist nochmal um 13 Prozent günstiger. Für Singles gibt es das „Interregio Sommer Special“ von April bis Oktober: für 109 DM auf allen Interregiozügen an einem Tag quer durch Deutschland! Wer zu zweit verreist, kauft am besten das „Mitfahrerticket“: Die erste Person zahlt den vollen Preis, die zweite die Hälfte. Unter Umständen kann sich auch der Kauf einer konventionellen „Bahncard“ (für 260 DM, Senioren ab 60 Jahren 130 DM, Ehepartner 260 DM plus 130 DM) lohnen, wenn man öfter unterwegs ist.

Von Gruppentickets und Super-Spartarifen (die keine Ermäßigung mehr erlauben) abgesehen, halbieren sich so die Preise für jede Strecke. Weitere aktuelle Angebote:

- Das Guten-Abend-Ticket.
  Es gilt von Sonntag bis Freitag zwischen 19.00 und 2.00 Uhr, Kostenpunkt 59 DM.
- Das Guten-Morgen-Ticket.
  Es gilt sonntags zwischen 5.00 und 14.00 Uhr, Kostenpunkt 69 DM für ICE.

Wer selbst nachprüfen will, welches die kürzeste bzw. günstigste Bahnverbindung zu einem bestimmten Reiseziel ist, findet auf der *Internet-Seite http://www.bahn.de* eine Page, die alle Verbindungen auflistet. Man gibt nur Abfahrtsort, Ziel und die gewünschte Abfahrtszeit ein – nach ein paar Sekunden zeigt der Rechner alle Infos inklusive Preis an. Bei weiter entfernten Reisezielen gibt es auf der *Internet-Seite http://www.mercurio.iet.unipi.it/nesc/timetable.html* die entsprechenden Fahrpläne aller Bahngesellschaften Europas. Im Internet gibt es jetzt auch die Last-Minute-Angebote des Bahnreise-Veranstalters Ameropa auf der Page *http://www.ameropa.de.*

Wichtig: Am Schalter immer nach aktuellen Sonderangeboten oder günstigeren Tarifen zu anderen Tageszeiten fragen! Kompetente Beratung erhält man vom 24-Stunden-Service der Zugauskunft *(Telefon: 0180/5 99 66 33, 48 Pfennig pro Minute).* Ticketkauf im Internet spart neuerdings 5% des Preises.

Bankgebühren

Seit einigen Jahre gibt es erstmals eine gewisse Konkurrenz unter den Geldinstituten. Direktbanken, die ohne Filialnetz per Telefon, Internet oder Fax ihre Kunden bedienen, haben sich vor allem mit günstigen Gebühren bei Wertpapier-Provisionen und Depotgebühren hervorgetan. Ein unbestreitbarer Nachteil der Direktbanken ist der Wegfall von Beratungsleistungen – diese finden entweder gar nicht oder nur gegen einen Gebührenaufschlag statt. Folgende Institute bieten Geldgeschäfte zu Sätzen deutlich unterhalb der Standardkonditionen von normalen Geschäftsbanken und Sparkassen an (siehe auch die Artikel → Girokonto und → Telebanking):

Niedrigere Gebühren – diese Geldinstitute sind interessant		
Geldinstitut	**Firmensitz**	**Telefon**
Advance Bank	München	01803 / 33 00 33
Bank 24	Bonn	01803 / 24 00 00
Comdirect Bank	Quickborn	01803 / 33 64 44
ConSors Discount Broker	Nürnberg	0130 / 84 09 40
Direkt Anlage Bank	München	01802 / 25 45 00
Dresdner Order Discount	Frankfurt/Main	0130 / 837777

Übrigens: Die *Stiftung Warentest* bietet per Faxabruf (1,21 DM/ Seite) Merkblätter an, die bei der Rückforderung von unrechtmäßig kassierten Bankgebühren helfen: 01905/1 00 10 86 50. Wenn eine Beschwerde nichts fruchtet, hilft nur eines: die Bank wechseln oder mit dem Rechtsanwalt drohen – das reicht meistens schon. Denn keine Bank will einen guten Kunden wegen einer Lappalie verlieren.

Wie sich bei → Geldanlagen sparen läßt bzw. welche am empfehlenswertesten sind, lesen Sie im entsprechenden Artikel nach.

Das sollten Sie zu Bankgebühren wissen:	
Auflösungsgebühr für Girokonten oder Sparbücher	Dafür gibt es nach dem Gesetz keine Anspruchsgrundlage – deshalb ablehnen und beim Verbraucherschutzverein (Bayreuther Str. 40, 10719 Berlin) melden, er sammelt solche Fälle für einen Musterprozeß.
Barzahlungsgebühr für Auszahlungen	Ist unzulässig, wenn nicht zugleich mit der Kontoführungsgebühr auch eine gewisse Zahl an Freiposten (5) gewährt wird.
Bearbeitungsgebühr für geplatzten Kreditvertrag	Wenn ein Kreditvertrag nicht zustande kommt, darf die Bank, auch wenn das Scheitern nicht ihr Verschulden war, keine Gebühr verlangen. Das Scheitern ist als normales Geschäftsrisiko zu werten.
Buchungsgebühr für Ein- oder Auszahlungen in bar	Ist ebenso wie Barzahlungsgebühr (siehe oben) unzulässig, weil damit ein BGH-Urteil durch die Hintertür umgangen wird. Bargeldauszahlung ist keine Dienstleistung, sondern eine Pflicht.

Fotokopien nicht zu Wucherpreisen	Dienstleistungen wie Fotokopien von Kreditverträgen darf die Bank nur mit normalen Kosten (in diesem Fall 2,30 DM) berechnen, nicht zu Wucherpreisen (70 DM als Pauschale verlangt).
Freistellungs-auftrag zum Nulltarif	Gebühr für Freistellungsaufträge (dann sind Zinsen steuerfrei, sonst 30 Prozent Abzug) darf nicht stillschweigend vom Konto abgebucht werden. Auf die Gebührenpflicht muß hingewiesen werden.
Kreditkosten bei geplatzter Autofinanzierung	Müssen nicht gezahlt werden, wenn trotz Kreditvertrag der Autokauf nicht zustande kommt und es sich um die Hausbank (Finanzierungsgesellschaft) des Herstellers handelt.
Kreditkosten für Darlehen von minderjährigen Kindern	Eltern müssen nicht für Kreditzinsen oder Sollsalden auf Girokonten ihrer minderjährigen Kinder aufkommen, weil solche Kredite sittenwidrig sind und von den Banken ohne Zustimmung des Vormundschaftsgerichts gar nicht vergeben werden dürfen.
Löschungs-bewilligung bei Hypotheken	Es darf kein Geld kosten, wenn die Bank nach einer Hypotheken-Rückzahlung die Bewilligung zur Löschung im Grundbuch erteilt. Das ist eine gesetzliche Verpflichtung, die kostenlos sein muß (BGH, XI ZR 244/90).
Mahngebühr wegen fälliger Kreditraten	Werden beim Kunden fällige Kreditraten für eine Hypothek angemahnt, darf keine Gebühr verlangt werden.
Rückgabegebühr für ungedeckte Lastschriften	Können Einzugsermächtigungen/Daueraufträge wegen Geldmangel auf dem Konto nicht ausgeführt werden, darf die Bank vom Kontoinhaber nicht automatisch eine Gebühr als Strafe verlangen.
Schätzkosten bei geplatzter Hypothek	Kommt ein Darlehensvertrag nicht zustande, darf die Hypothekenbank keine pauschalierten Kosten für die Schätzung eines Beleihungs-objekts verlangen.
Überziehungs-zinsen für einen Kredit	Nimmt der Kreditkunde ein Darlehen über den Fälligkeitstermin hinaus in Anspruch, darf die Bank keine Überziehungszinsen, sondern nur den vereinbarten Zinssatz verlangen.

Überziehungszinsen trotz Kontoausgleich	Bareinzahlungen am Schalter oder Überweisungen, die direkt in ein Computerterminal eingegeben werden, müssen dem Kunden am selben Tag gutgeschrieben werden, nicht am nächsten Tag.

Nach: Joachim Breu, Ralf Wissbar, BGB für Verbraucher, Südwest Verlag, München 1998, S. 171f.

Baumarkt

Wer selbst basteln will und Material benötigt: ab in den nächsten Discountmarkt für Heimwerkerbedarf (OBI, Praktiker, Hornbach & Co. usw.)! Ob Werkzeuge, Nägel, Schrauben, Holz, Wasserhähne, Badezimmereinrichtungen, Fliesen, Regale, Farben, Gartenmöbel, Pflanzen, Kleber, Schaufeln, Lampen – alle diese Dinge bekommt man hier am preiswertesten. Auch bei Baumärkten lohnt der Preisvergleich: Beachten Sie die Werbeprospekte in den kostenlosen Anzeigenblättern und Tageszeitungen! Grundsätzlich wartet man auf Sonderangebote – auf keinen Fall nur deshalb zuschlagen, weil etwas besonders billig erscheint (Kaufrauschgefahr!). Auch sehr zu empfehlen: ein kleiner Abstecher zum → Wertstoffhof – kaum zu glauben, was die Leute alles wegwerfen!
Empfehlenswerte Internet-Adressen:
http://www.obi.de, http://www.baumarkt.de,
http://www.technikwelt.de, http://www.voelkner.de.

Bekleidung *(→ Kleidung)*

Beleuchtung

Auf jeden Fall sollte man sich einen Kronleuchter mit mehreren Birnen verkneifen. Räume mit hellen Wänden, Fußböden und Decken brauchen ca. 30 Prozent weniger Licht, da der helle Anstrich das Licht reflektiert. Auch Glühbirnen mit geringer Wattzahl bringen eine Ersparnis. *Beispiel: Schon der Umstieg von zwei 80 Watt- auf 60 Watt-Birnen bringt pro Jahr und Lampe eine Ersparnis von hochgerechnet 40 DM (bei vierstündiger Betriebsdauer pro Tag).* Spezielle Energiesparbirnen sind zwar etwas teurer als herkömmliche, wegen der längeren Nutzungsdauer und des geringeren Energieverbrauchs jedoch unter dem Strich deutlich billiger, so daß sie sich nach Auskunft der Energieberatungsstelle der Verbraucherzentrale Hamburg (Telefon: 040/24 83 22 30) generell lohnen. Eine Energiesparbirne schafft beispielsweise mit 11 Watt die Helligkeit von 60 – und hält etwa dreimal so lange! Ansonsten: keine Zeitschaltuhren, keine Bewegungsmelder, keine Halogenlampen (teuer und schädlich für die Augen), keine matten Birnen! *Besonderer Tip:* Die Energieberatungsstelle Ihres regionalen Stromversorgers (Telefonnummer auf der Stromrechnung) verleiht gegen ein geringes Pfand Energiesparbirnen – man kann diese bis zu einem Jahr zu Hause ausprobieren. Lampen sollte man grundsätzlich nur im → Baumarkt kaufen; hier ist meist die Auswahl groß und der Preis okay. Übrigens lassen sich Beleuchtungsgegenstände beim Finanzamt als Sonderausgaben ansetzen! *Eine der günstigsten Fabrikverkaufsadressen für Beleuchtungsartikel: Leuchten Holtkötte GmbH, Kempenweg 17, 59556 Lippstadt, Telefon: 02941/9 49 40 (bis zu 50 Prozent).*

Benzin *(→ Tanken, → Autofahren, → Kavalierstart)*

Betten/Bettwäsche

Für Federbetten, Matratzen und Bettwäsche sind in Warenhäusern ab Mitte Februar/Anfang März Preissenkungen um 20 Prozent üblich. Vor allem hochwertige Markenerzeugnisse, die das ganze Jahr über unverändert teuer sind, bekommt man in diesen Wochen billiger. Warum? Ganz einfach: Im Frühjahr frieren die Leute nicht mehr, die Nachfrage geht drastisch zurück, die Preise purzeln – ein ganz normaler marktwirtschaftlicher Mechanismus. *Zwei sehr günstige Fabrikadressen: OBB (Oberbadische Bettfedernfabrik), Mühlestraße 54, 79539 Lörrach (Daunen-, Federbetten in Normal- und Übergrößen, Ersparnis bis zu 50 Prozent); Luxorette, Lindelestraße 1–20, 88239 Wangen/Allgäu.*

Blumen

Blumen verraten bekanntlich mehr als Worte. Aber nirgends steht geschrieben, daß man sie für teures Geld kaufen muß – 1997 gaben die Deutschen sage und schreibe 900 Millionen DM für Blumenschmuck aus. Geht das nicht billiger? Mutter Natur bietet

Blumen (zumindest im Sommer) in reichhaltiger Auswahl. Zur Not: Wochenmärkte (z.B. St. Pauli-Fischmarkt in Hamburg, Viktualienmarkt in München) und Supermärkte (z.B. Plus, Tengelmann) sind immer noch preiswerter als das Floristenfachgeschäft um die Ecke – und vor allem nie am Bahnhof, am Flughafen oder an der Tankstelle kaufen! Auch fast ein Jahrzehnt nach Öffnung der Mauer noch immer ein Geheimtip: die sogenannten Polenmärkte, die täglich in vielen Grenzorten stattfinden – lohnt sich natürlich nur, wenn man in der Nähe wohnt!

Blumengießen

Überschüssiges Wasser, etwa beim Kochen, sollte man nicht wegschütten. Man kann damit zum Beispiel die Blumen gießen – natürlich erst, wenn es abgekühlt ist. Übrigens: Das Wasser, in dem man die Frühstückseier gekocht hat, bekommt den Pflanzen besonders gut, da es Kalk (von den Eierschalen) enthält, was das Wachstum der Pflanzen fördert. Auf diese Weise lassen sich mehrere hundert Liter Wasser im Jahr sparen. Außerdem tut man seinen Pflanzen etwas Gutes. Ebenfalls gut verträglich ist übrigens Kaffee, der sonst weggeschüttet würde. Ganz Gewitzte – kein Witz – bepinkeln ihre Kohlköpfe im eigenen Gemüsegarten. Der Harnstoff enthält viele Mineralien, die den Pflanzen gut bekommen ...

Brautmoden

Für eine komplette Brautausstattung muß man gut und gerne 1.500 DM hinblättern. Es geht allerdings auch wesentlich billiger: In regionalen Anzeigenblättern findet man immer wieder private Inserate mit Preisabschlägen von über 50 Prozent für neuwertige, d. h. einmal getragene Kleider. Daneben gibt es die Möglichkeit, bei Gemeindeverwaltungen oder Pfarrämtern Adressen von Paaren herauszufinden, die erst kürzlich geheiratet haben. Viele von ihnen verkaufen das Brautkleid weiter und bessern so ihr durch die Hochzeitsfeier strapaziertes Budget auf. Aber (für Kurzentschlossene): Die Zeit fürs Umschneidern beachten! Nicht zu empfehlen sind meiner Erfahrung nach sogenannte Hochzeitsmessen – hier muß man auch noch Eintritt dafür bezahlen, daß man die neuesten (und noch teureren) Modelle bestaunen darf!

Hier einige Adressen für Second-Hand-Brautmoden (auch regionale Gelbe Seiten beachten!): Second-Hand-Brautmoden, 63683 Ortenberg, Telefon: 06041/3840; Secondhandstudio (Braut- und Umstandsmoden, Kindermoden), Backhausgasse 16, 67551 Worms, Telefon: 06241/35618.

Briefumschläge

Für jemanden, der viele Briefe schreibt, kann es sich lohnen, Umschläge mehrmals zu benutzen. Das freut nicht nur die Umwelt, sondern schont auch den Geldbeutel. Man überklebt die Adresse einfach mit einem neuen Etikett, und falls die Umschläge nicht mehr richtig zukleben, hilft man mit etwas Klebstift nach. Wer gerade keinen zur Hand hat, bittet einfach den Schalterangestellten in der Post freundlich, den Brief zuzukleben. Briefumschläge nie einzeln, sondern stets in großen Mengen kaufen! Sehr empfehlenswert: Viele Postfilialen bieten bereits frankierte Umschläge an, z.B. 100 Stück mit Briefmarke für 120 DM. Billiger geht's kaum, außerdem spart man sich die Mühe des Klebens. Für günstige Kaufadressen siehe auch → Büromaterial. Falls man selbst und der Adressat ein Fax hat – nicht schreiben, sondern faxen! (Porto-)Ersparnis pro Seite: ca. 70 Pfennig.

Brillen

Wer hätte das gedacht? Die Werbung hat (ausnahmsweise) recht: Fielmann ist unter dem Strich wirklich der billigste deutsche Anbieter. Allerdings können Sie bis zu 40 Prozent sparen, wenn Sie einen besonders günstigen Optiker zum Beispiel in Belgien oder Holland (schon in den Grenzorten) finden. Für Gestelle gibt es inzwischen keinen Zuschuß von der gesetzlichen → Krankenkasse mehr, aber für Gläser je nach Sehschwäche bis zu 140 DM. Wichtig: Die Brille muß vom Arzt in Deutschland verschrieben worden sein, die Rechnung des ausländischen Optikers reicht man dann bei der Krankenkasse zur Erstattung ein. Trotz eines EU-Gerichtsurteils stellen sich viele Krankenkassen erst mal quer bzw. dumm – dann nicht abweisen lassen! Die Rechtslage ist eindeutig zugunsten des Patienten. *Zitat aus dem Urteil des EU-Gerichtshofs: „Eine nationale Regelung, nach der ein Träger der sozialen Sicherheit eines Mitgliedsstaates einem Versicherten die*

pauschale Kostenerstattung für eine Brille mit Korrekturgläsern, die dieser bei einem Optiker in einem anderen Mitgliedsland gekauft hat, mit der Begründung versagt, daß der Erwerb medizinischer Erzeugnisse im Ausland der vorherigen Genehmigung bedarf, verstößt gegen die Artikel 30 und 36 des EG-Vertrages (freier Warenverkehr, Anmerkung des Herausgebers)." Aktenzeichen C-120/95.
Fabrikverkauf: Brillen- und Kontaktlinsenversand Lenscare GmbH, Am Westring 431–451, 24118 Kiel, Telefon: 0431/88 11 88, http://www.lenscare.de (bis zu 50 Prozent günstiger).

Brot

Wem es nicht darauf ankommt, daß das Brot besonders knusprig ist, der kauft prinzipiell Brot vom Vortag – zum halben Preis, versteht sich. In vielen Bäckereien (z.B. Hofpfisterei) gibt es eine Stunde vor Geschäftsschluß eine sogenannte Happy hour, das heißt, das gesamte Warensortiment wird deutlich reduziert, teilweise für die Hälfte verkauft. Brot selber zu backen lohnt sich in der Regel nicht. Zeitaufwand, Zutaten und Backstrom stehen in keinem Verhältnis zum Preis eines gekauften Laibes.

Bücher

Bücher kann man nicht nur beim Buchhändler, sondern (wesentlich preiswerter) in modernen Antiquariaten, in Einkaufszentren oder auf → Flohmärkten kaufen. Viele Verlage stoßen ihre Bücher, die sie auf Halde liegen haben, zu Spottpreisen ab, um die Lagerkosten zu reduzieren. Manche modernen Antiquariate kaufen Restbestände auf und geben sie günstig an Kunden weiter. *Hier einige Adressen: Antiquariat Pankow, Schönholzer Straße 1, 13187 Berlin; Antiquariat Mitte, Runge 20, 10179 Berlin; Antiquariat Kapitel 1, Reuterstraße 7, 12053 Berlin; Antiquariat Hartwig, Pestalozzistraße 23, 12557 Berlin; Antiquariat Bürck, Winterfeldtstraße 44, 10781 Berlin; Antiquariat am Hermannplatz, Hobrechtstraße 14, 12043 Berlin; Antiquariat Stolzenberg, Große Seestraße 63, 60486 Frankfurt; Seiffert und Medeke, Berger Straße 31, 60361 Frankfurt; Antiquariat Marx, Jordanstraße 11, 60486 Frankfurt; Antiquariat Bernhardt, Johanniswall 3, 20095 Hamburg; Am Gertrudentor, Gertrudenkirchhof 4, 20095 Hamburg; Antiquariat*

Libresso, Binderstraße 24, 20146 Hamburg; Antiquariats-Union, Ihlendiek 2a, 22145 Braak bei Hamburg; Antiquariat Schild-Buch-Dienst, Henschelstraße 7, 82149 München; Abraxas, Kaulbachstraße 36, 80539 München; Buchhandlung Arabella, Rosenkavalierplatz 11, 81925 München.
Vielfach verschenken die Verlage auch → Remittenden, also Bücher, die bereits im Buchladen lagen, aber dort nicht verkauft wurden. Fragen Sie einfach bei den entsprechenden Verlagen nach – Anruf genügt! Interessant sind außerdem Taschenbuchausgaben ehemaliger Hardcover-Ausgaben, die meist weniger als die Hälfte kosten. Das Taschenbuch kommt in der Regel eineinhalb bis zwei Jahre nach dem Erscheinen des Hardcovers (*wenn* es kommt).
Besonderer Tip: Wer ein bestimmtes Buch sucht, aber kein Geld ausgeben will, schreibt einen Wunschzettel und wirft ihn bei der nächsten Stadt- oder Gemeindebücherei ein. Manchmal wird das Medium (trotz der chronischen Finanznot der öffentlichen Kassen) innerhalb der nächsten Monate angeschafft – ansonsten nachhaken! Auch Lehrer und Universitätsprofessoren lösen gelegentlich ihre (Doppel-)Bestände auf (oder Teile davon). Hier läßt sich schon mal eine Nietzsche-Gesamtausgabe oder eine Fachbuchkollektion abstauben (Kleinanzeigen beachten; siehe auch → Haushaltsauflösung). Sehr häufig lohnt es sich, bei Uni-Professoren privat vorstellig zu werden (Adressen im Vorlesungsverzeichnis der jeweiligen Universität, im Buchhandel für ca. 10 DM erhältlich).

Büromaterial

Immer wieder kommt es vor, daß Firmen Schreibstifte, Notizblöcke oder ähnliches als Werbemittel verschenken. Vor allem bei Geschäftseröffnungen, zu Weihnachten, zum Jahreswechsel, anläßlich von Jubiläen oder zum Weltspartag bringen Reisebüros, Versicherungen, Banken, Praxen, Bäder und Elektronikkonzerne massenhaft Schreibwaren unters Volk. *Besonders heißer Tip:* der politische Wahlkampf – hier zeigen sich Politiker verschiedener Parteien besonderts spendabel. Oder schreiben Sie Ihrem Landtags- oder Bundestagsabgeordneten und bitten Sie ihn um Schreibmaterial. Sie finanzieren die Aktivitäten der Parteien schließlich über Ihre Steuern mit – warum sollten Sie davon nicht auch profitieren?

Am billigsten bekommt man Büromaterial (Papier, Textmarker, Ordner, Klebstoff, Versandtaschen, Etiketten usw.), wenn man in großen Mengen einkauft oder direkt beim Großhändler bestellt. Zwei der besten Adressen sind „Otto direkt" (*Telefonische Bestellung zum Nulltarif: 0180/5 20 20 20 oder Fax 0180/5 20 20 22)* und „Viking direkt" (*Telefonische Bestellung zum Nulltarif: 0800/8 18 18 21 oder Fax 0800/8 14 84 81)* mit Markenartikeln zu Super-Nettopreisen im 24-Stunden-Liefer-Service (keine Portokosten bei Mindestbestellwert über 20 DM!). *Einige Beispiele: 500 Blatt Kopierpapier 3,99 DM; 20 Ordner 6,27 DM; 4 Textmarker 0,79 DM; 10 Tesafilme 2,99 DM. Adressen Fabrikverkauf: Grammer Bürostühle GmbH, Sulzbacher Straße 105, 92224 Amberg, Telefon: 09621/6 77 40; Interstuhl Büromöbel, Brühlstraße 21, 72469 Meßstetten-Tieringen, Telefon: 07436/87 10; Köhl GmbH Bürositzmöbel, Postfach 20 02 49 (Prospekt anfordern), 63308 Rödermark, Telefon: 06074/92 80; König und Neurath Büromöbelsysteme, Industriestraße 4, 61184 Karben, Telefon: 06039/48 30; Kusch & Co. Sitzmöbelwerke, Postfach 1151/52 (Prospekt anfordern), 59965 Hallenberg, Telefon: 02984/30 00; Mauser Office GmbH, Postfach 2155 (Prospekt anfordern), 34510 Waldeck, Telefon: 05623/58 11; Viasit Bürositzmöbel GmbH, Boxbergweg 4, 66538 Neunkirchen, Telefon: 06821/2 90 80.*

Bußgelder

Schon wieder Post vom Polizeipräsidenten? Wer beim Bleifußfahren oder nicht angeschnallt angetroffen wird, muß seit 1. 1. 1999 noch tiefer in die Tasche greifen. Wenn man sich im Recht glaubt oder eine glaubwürdige Entschuldigung vorbringen kann, kann sich ein Einspruch gegen einen Bußgeldbescheid oder ein Strafmandat lohnen: Bei Durchfall (Attest nicht vergessen!) oder wer nur mal eben kurz zum Pinkeln mußte und sein Auto dafür im absoluten Halteverbot abstellte, hat gute Chancen auf Gnade. Ist der Führerschein in Gefahr? Die „Arbeitsgemeinschaft Verkehrssicherheit" berät kostenlos. *Die Adresse: AG Verkehrssicherheit, Postfach 2404, 72714 Reutlingen, Telefon: 07121/49 38 94.* Leider ist das Kraftfahrt-Bundesamt ohne Einschaltung eines Anwalts nur selten verhandlungsbereit – Polizeibeamte hingegen schon eher. Mit etwas Charme, Schuldbewußtsein und Verhand-

lungsgeschick kann man manchmal noch den Kopf aus der Schlinge ziehen. Was wir daraus lernen? Immer ein freundliches Gesicht aufsetzen, der Beamtin/dem Beamten nicht unwirsch kommen. Auch wenn's manchmal schwerfällt – aber es kann mehrere hundert Mark im Jahr sparen. Und schon gar nicht ins Gegenteil verfallen – hier eine kleine Übersicht, was Beamtenbeleidungen kosten:
Sie können mich mal ... (60 DM),
Sie sind ein Fall für den Psychiater (200 DM),
Stinkstiefel (210 DM),
Sie haben wohl Tomaten auf den Augen (300 DM),
Armleuchter (500 DM),
Leck mich (600 DM),
Du bist doch zu blöd zum Schreiben (900 DM),
Asozialer (1.125 DM),
Dienstgeiles Aas (1.600 DM),
Wegelagerer (1.800 DM),
Raubritter (2.000 DM),
Arschloch (je nach Laune des Richters bis zu 3.000 DM),
Du dienstgeiles Arschloch, du blöde Drecksau (bis zu 4.000 DM),
Du SS-Bulle (bis zu 5.000 DM).
Für Sparfans unentbehrlich: die halbstündlichen „Blitz-Nachrichten" (inklusive Standortangabe) diverser Privatradios. Also: immer erst Radio einschalten, dann losfahren.

C

Call by call *(→ Telefonieren)*

Camping

Natürlich ist diese Art der Urlaubsgestaltung nicht jedermanns Sache, aber für Sparfüchse optimal – es sei denn, man landet ein Super-Last-Minute-Schnäppchen (→ Last Minute) oder übernachtet preiswert in → Jugendherbergen. Den Campingwagen leiht man sich idealerweise von Freunden oder Bekannten, als Hardliner/Überzeugungstäter kann man auch mit dem normalen Auto losfahren und auf dem Campingplatz zelten (→ Zelten). Campingartikel stellt man sich entweder individuell aus verschiedenen Anzeigenblättchen oder im → Second-Hand-Laden gebraucht zusammen, oder man kauft sie sich in den Wintermonaten (!) im Warenhaus. Ein Bekannter von mir ruft regelmäßig Campingausstatter an und läßt sich ausgemusterte Artikel oder Gegenstände mit kleineren Macken gegen Portoübernahme zuschicken. Die Firmen sind in der Regel froh, wenn die Lager den Winter über frei sind. *Hier einige Adressen, wo sich eine Anfrage lohnen kann: Camping Bedarf GmbH, Werner-Hilpert-Straße 23, 34117 Kassel, Telefon: 0561/16 86; Camping Freizeit Service, Groß- und Einzelhandel, Gewerbestraße 71, 79194 Gundelfingen, Telefon: 0761/ 58 22 21; Camping GAZ International Deutschland, Am Eisernen Steg 14, 65795 Haltersheim, Telefon: 06190/8 90 70; Camping Kaufhaus GmbH, Fährstraße 12, 28207 Bremen, Telefon: 0421/ 49 07 49; Camping Tex GmbH, Himmelfahrtsgasse 8, 09599 Freiberg, Telefon: 03731/42 47; Campingcenter GmbH, Industriestraße 31, 25813 Husum, Telefon: 04841/70 38.*

Ein zweibändiges Verzeichnis aller Campingplätze der EU hat der ADAC herausgebracht (im Buchhandel für 29,80 DM, auch als CD-ROM). Hier eine Auswahl der günstigsten Campingplätze in Europa: Booknis (Ostsee), 24 DM pro Übernachtung, Telefon: 04052/23 11; Bernau am Chiemsee, 24 DM, Telefon: 08051/75 40;

Lichtenberg (Frankenwald), 27 DM, Telefon: 09283/9 73 70; Riedenburg (Altmühltal), 25 DM, Telefon: 09442/4 30; Trafoi (Bozen), 30 DM, Telefon: 047361/15 33; L'Ametlla de Mar (Tarragona), 28 DM, Telefon: 97745/61 10; Almayate (Malaga), 25 DM, Telefon: 95255/62 89; Agios Nikolaos (Kreta), 28 DM, Telefon: 0266/ 3 17 22; Possidi (Chalkidiki), Telefon: 0374/4 13 45; Frejus (Côte d' Azur), 28 DM, Telefon: 04945/1 56 01.
Ein Blick ins Internet hilft nicht nur bei der Auswahl beim Neukauf, sondern auch bei den Reisevorbereitungen und ihrer Durchführung: *http://www.traxxx.de/adac/camping* (Verkehrsregeln für Wohnwagenanhänger, praktische Checklisten für das Mieten von Caravans und vieles mehr); *http://www.vdwh.de* (Homepage des Verbandes Deutscher Wohnwagen- und Wohnmobil-Hersteller mit sehr umfangreichen Infos rund ums Campen); *http://www.home.t-online.de/home/tom.naundorf* (private Homepage mit vielen Campingtips).

Campingbedarf *(→ Camping)*

Caravans *(→ Camping)*

Christbäume *(→ Weihnachtsbäume)*

Car-Sharing

Wenn eine Strecke für die Füße oder das Fahrrad zu weit ist, öffentliche Verkehrsmittel Fehlanzeige sind und Trampen – aus welchen Gründen auch immer – nicht in Frage kommt, wendet man sich an → Mitfahrzentralen (Adressen siehe unten) oder teilt sich mit anderen Leuten ein Auto (Car-Sharing, privat oder in einen Ring einsteigen, Adressen unten!). Die erste deutsche Car-Sharing-Firma „Stadtauto Berlin" wurde 1988 gegründet und expandiert seither stark. Inzwischen zählt die Berliner Organisation über 1.500 Mitglieder, die sich über 150 Autos teilen. Dem Dachverband European Car-Sharing ECS in Luzern und Berlin gehörten 1999 knapp 80 Car-Sharing-Vereine aus Deutschland, Österreich, der Schweiz und den Niederlanden an. Beim privaten Car-Sharing werden Versicherungs- und Unterhaltskosten für ein Fahrzeug von mehreren Benutzern getragen, und jeder tankt immer nur für seine Strecke, die er zurückgelegt hat – einfacher

geht's nicht. Auch die Kosten für Reparaturen teilt man sich. Wer in seinem Freundes- oder Bekanntenkreis niemanden findet, der bereit ist, ein Fahrzeug zu teilen, wendet sich an kommerzielle Adressen (unterschiedliche Konditionen: meist einmalige Aufnahmegebühr von etwa 50 DM, danach individuelle Modelle für Viel- bzw. Wenigfahrer mit verschiedenen Kilometerpauschalen). Die Autos stehen meist an Verkehrsknotenpunkten bzw. S-Bahn-Stationen und sind leicht erreichbar. Leider ist die Warteschleife am Telefon mancher Anbieter mitunter nervtötend lang. *Kontakt: Stadtauto Berlin ECS, Telefon: 030/4 43 76 30 (vermittelt regionale Adressen im ganzen Bundesgebiet); European Car-Sharing, Manteuffelstraße 40, 10997 Berlin, Telefon und Fax: 030/61 13 52 71. Weitere empfehlenswerte Adressen: Car-Sharing Frankfurt, Baseler Platz 7, 60329 Frankfurt, Telefon: 069/23 64 44; Mitfahrzentrale Altona, Lobuschstraße 22, Hamburg, Telefon: 040/1 94 40; Mitfahrzentrale Bergedorf, Wentorfer Straße 48a, 21029 Hamburg, Telefon: 040/7 24 00 89; Stadtauto München, Telefon: 089/ 2 01 31 23; ADM-Mitfahrbüro und Car-Sharing (Nummer eins in München): Lämmerstraße 4, 80336 München, Telefon: 089/1 94 40 oder 59 45 61; Mitfahrzentrale ABC, Kurfürstenstraße 30, 40211 Düsseldorf, Telefon: 0211/36 05 15; Mitfahrzentrale Stuttgart, Lerchenstraße 65, 70176 Stuttgart, Telefon: 0711/1 94 48.*
Internet-Adresse: http://www.mitfahrzentrale.de. Adressen von Agenturen siehe → Mitfahrzentrale.

Compact Discs

Sofern man überhaupt einen CD-Player besitzt, besorgt man sich die dazugehörigen Discs preisgünstig auf → Flohmärkten (inzwischen regelmäßig in allen größeren Städten, Plakatierung beachten!), Tauschbörsen oder über das Internet, z.B. *bei folgenden Adressen: htttp://www.cdyou; http://www.kencranes.com (riesige Auswahl an CDs, Laserdiscs. Trotz der US-Versandkosten kann man hier bei Bestellungen ab 10 Stück noch viel Geld sparen!); http://www.broadcast.com; http://www.klassik.com; http://www.emimusic.de; http://www.dem.de/entertainment/ musik.*
Second-Hand-CD-Läden schießen seit einigen Jahren aus dem Boden, *z.B. Second Sound, Karl-Marx-Straße 11, 12043 Berlin,*

Telefon: 030/6 24 14 04; Phon (CD-An- und Verkauf), Landshuter Allee 27, 80333 München, Second-Hand-Records, Neckarstraße 140a, 70243 Stuttgart, Telefon: 0711/26 04 04.

Auch manche privaten Rundfunksender entstauben von Zeit zu Zeit ihr Archiv und verschenken dann Compact Discs. *Bei folgenden Sendern könnte sich ein Anruf lohnen: Radio Energy, Potsdamer Straße 131, 10783 Berlin, Telefon: 030/2 17 37 30; Radio Regenbogen, Kartäuserstraße 39, 79102 Freiburg im Breisgau, Telefon: 0761/28 29 90; Radio Arabella, Paul-Heyse-Straße 2–4, 80336 München, Telefon: 089/5 44 70 00; Radio Charivari, Paul-Heyse-Straße 2–4, 80336 München, Telefon: 089/5 14 10 00; Radio Energy, Pestalozzistraße 23, 80469 München, Telefon: 089/ 2 31 90 70; Radio Gong 2000, Franz-Joseph-Straße 14, 80801 München, Telefon: 089/38 38 38 38.*

Und schließlich kann man bei großen Schallplattenherstellern nach CD-Remittenden fragen – manchmal hat man mit viel Geduld Glück. *Hier einige Adressen: Ariola Eurodisc GmbH, Wittelsbacherstraße 18, 10707 Berlin, Telefon: 030/8 82 77 56; Polydor GmbH, Glockengießerwall 3, 20095 Hamburg, Telefon: 040/30 87 02; Teldec Classics International, Schubertstraße 5, 22083 Hamburg, Telefon: 040/22 93 20; Virgin GmbH, Falkenried 4, 20251 Hamburg, Telefon: 040/4 22 16 73.*

Computer/Computerzubehör

Da kein Markt härter umkämpft ist als der der neuen Medien, werden die Produkte hier häufig zum Dumpingpreis angeboten – zur Freude der Verbraucher. Unmittelbar nach der CeBit in Hannover im März purzeln die Computerpreise regelmäßig auf ihren Tiefstand, da jetzt etliche Modelle auslaufen. Wer eine einschlägige Anschaffung plant, geht selbstverständlich nicht zum Fachhändler um die Ecke, sondern informiert sich zunächst bei den großen Elektronikmärkten (Media Markt, Pro Markt, Saturn Hansa, Conrad) und wählt dann ein → Auslaufmodell – bei besonderen Schnäppchen (Penny-, Aldi-Aktion) sind Software-Paket, ISDN- und Sound-Card im Preis enthalten. Beim Media Markt München (Euro-Industriepark) gab es z.B. im Juni 1999 eine Sonderaktion: Ein Intel-Pentium II-PC mit CD-Rom-Laufwerk, Soundcard, strahlungsarmem Monitor und Software-Paket

(MS Office komplett) kostete gerade mal 1.299 DM. Eine andere Möglichkeit, preisgünstig an einen Computer heranzukommen, ist, bei Herstellerfirmen oder Vertreibern gezielt nach Zweite-Wahl-Geräten oder Geräten mit Lackfehlern zu fragen. Diese können im regulären Handel nicht verkauft werden, sind jedoch technisch einwandfrei. Preisabschläge bis zu 30 Prozent sind bei geschickter Verhandlungstaktik durchaus im Bereich des Möglichen. Auch → Auktionen oder der Gebrauchtkauf über Mitarbeiter eines Versandhauses, die Prozente bekommen, sind sinnvolle Alternativen. Wer sich nicht daran stört, vielleicht nicht den allerneuesten, aber dennoch einen leistungsfähigen Prozessor zu bekommen, kann sich auch auf dem Computerflohmarkt (Kleinanzeigen!) umsehen. Ein zwei Jahre alter Computer ist gerade mal noch 30 Prozent seines ursprünglichen Kaufpreises wert – aber technisch in der Regel einwandfrei. Zwar verkaufen große Firmen wie Siemens-Nixdorf ihre Computer und Laptops direkt ab Werk 30 Prozent unter Ladenpreis (plus 50 bzw. 20 DM Versandkosten) – das aktuelle Angebot gibt es über Fax-Abruf: 0821/8 04 22 44. Bei genauerem Hinsehen liegen jedoch manche No-name-Geräte preislich sogar noch darunter. Laut *Stiftung Warentest* können es Billigcomputer im Heimcomputer-Bereich locker mit jedem teuren Markengerät aufnehmen.

Einige empfehlenswerte Internet-Adressen:
htttp://www.aw-asd.de/fundgrube/home.htm;
htttp://www.conrad.de; htttp://www.jumbo.com;
htttp://www.metro.com; htttp://www.pc-shopping.de.

D

Dispositionskredit

„Einen Dispositionskredit bekommt jeder ab 18 Jahren, der über regelmäßige Einnahmen verfügt“, heißt es in den Statuten der Hypovereinsbank München. Dazu gehören zum Beispiel BAföG, der Bundeswehrsold für Wehrdienstleistende oder ein regelmäßig überwiesener Betrag der Eltern. Ungefähre Höhe des Dispokredits: das dreifache Nettogehalt. Es handelt sich um einen Überziehungskredit mit horrenden Zinsen (bis zu 18 Prozent), der dazu dient, eventuelle Mehrausgaben kurzfristig abzudecken. Eigentlich sollte das Konto aber sehr rasch wieder ausgeglichen werden, sonst kann es passieren, daß man unversehens in eine Schuldenspirale hineingerät. Einzige Gegenmaßnahme: den „Dispo“ niemals in Anspruch nehmen. Niemals! Urteil der Verbraucherzentrale Nordrhein-Westfalen: „Der Dispo ist eine klassische Verführung zum Schuldenmachen – vor allem für die 18- bis 25jährigen insgesamt sehr fragwürdig.“ Übrigens: Jeder dritte Deutsche zwischen 20 und 30 Jahren hat mehr oder weniger große Schulden.

Duschen *(→ Körperpflege)*

E

Einrichtungsgegenstände *(→ Möbel, → Küchenmöbel)*

Eintrittskarten

Um ins Konzert, ins Theater, in die Oper oder auf den Fußballplatz zu gehen, braucht man – normalerweise – eine (teure) Eintrittskarte. Es sei denn, man hilft ein klein wenig nach. Wie? Man bewirbt sich beispielsweise bei einer Zeitung als freier Mitarbeiter und läßt sich einen Presseausweis ausstellen. Es muß ja nicht gleich die *Süddeutsche* oder *Zeit* sein – dort erntet man als ungeübter Hobby-Schreiber ohnehin nur ein müdes Lächeln. Aber mancher Chefredakteur kleinerer regionaler Medien (auch lokaler Hörfunk) ist froh über jeden zusätzlichen freien Mitarbeiter, der Udo Lindenberg von Udo Jürgens unterscheiden kann. Mit dem Redaktionsausweis stehen einem (fast) alle Türen offen – lediglich bei Großereignissen (z.B. Weltmeisterschaften, Champions-League usw.) ist eine spezielle Akkreditierung erforderlich. Natürlich will die Redaktion hin und wieder einen Bericht sehen, sonst wird der Ausweis wieder eingezogen. Ich kenne mehrere Leute, denen auf diese Weise kaum eine interessante Veranstaltung entgeht. Viele Studenten verdienen sich so außerdem nebenbei ihren Lebensunterhalt – einer der angenehmsten Nebenjobs überhaupt. Apropos Studenten: Mit dem Studentenausweis einer Hochschule (Kostenpunkt der Immatrikulation je nach Hochschule verschieden) bekommt man für viele Veranstaltungen eine Ermäßigung auf den regulären Eintrittspreis. Andere Möglichkeit: Man jobbt bei der entsprechenden Veranstaltung als mobiler Eisverkäufer o.ä. – da bleibt immer noch genug Zeit, um ein Auge auf das Geschehen zu werfen!

Einzugsermächtigung

Bestimmte Firmen (z.B. Stromversorger, Versicherungen) oder Behörden (Finanzamt) bieten ihren Kunden an, „bequem“ per

Einzugsermächtigung oder Lastschriftverfahren zu bezahlen. Eine solche Einzugsermächtigung kann zwar in bestimmten Fällen sinnvoll sein, beispielsweise wenn regelmäßige Zahlungen zu leisten sind und der Schuldner oft verreist ist. In allen anderen Fällen jedoch raten Verbraucherschützer von Einzugsermächtigungen ab. Zwar müssen Fehlbuchungen oder zu Unrecht abgebuchte Beträge grundsätzlich zurückerstattet werden. Das aber setzt voraus, daß man selbst es überhaupt bemerkt – und nervenaufreibende und teure Telefonate oder ein Papierkrieg mit Banken und Firmen bleiben einem trotzdem nicht erspart. Weiterer Nachteil von Einzugsermächtigungen: Wenn nicht mehr genügend Geld auf dem Girokonto ist und die Bank den Auftrag trotzdem ausführt, fallen Überziehungszinsen (bis zu 18 Prozent) an. Ohne Einzugsermächtigung hätte man die Bezahlung vielleicht noch ein paar Wochen hinauszögern (und damit Geld sparen) können, bis das Konto wieder schwarze Zahlen schreibt ...

Elektrogeräte *(→ Elektroherd, → Fernseher, → Kühlschrank, → Waschmaschine, → Wäschetrockner)*

Elektroherd

Hier gilt Gleiches wie bei → Waschmaschinen und → Kühlschränken: Elektroherde von Markenfirmen sind nicht besser als No-name-Produkte. Experten setzen die durchschnittliche Lebensdauer auf 20 Jahre an; somit tut es auch ein gebrauchter Herd für 50 DM (Privatanzeigen beachten!). Idealerweise stimmt beim Kochen der Durchmesser der Töpfe und Pfannen mit denen der Kochplatten überein. Sind die Töpfe zu klein oder zu groß, geht unnötig Wärme verloren (höhere Kosten). Ansonsten läßt sich sparen, wenn man zum Kochen von Kartoffeln und Gemüse so wenig Wasser wie möglich verwendet und dabei stets den Deckel geschlossen hält. Schon ein leicht zurückgezogener Deckel verursacht den vierfachen Stromverbrauch. Eine weitere Sparmöglichkeit ist das frühzeitige Abschalten der Kochplatten. Die Hitze hält noch für mehrere Minuten nach (außer bei Ceranplatten). Siehe auch → Gasherd. *Die günstigste Adresse für Fabrikverkauf: Alno-Küchen AG, Äußerer Mühlweg 19–22, 8630 Pfullendorf, Telefon: 07552/2 10 (Musterküchen und 2. Wahl bis zu 50 Pro-*

zent). Hier einige preiswerte Firmen: Quelle (350 DM), Telefon: 0671/8 40 41 10; Beko (350 DM), Telefon: 06102/7 18 20 oder 0180/5 22 58 99; Indesit (300 DM), Telefon: 069/6 05 00 50. Empfehlenswerte Internet-Adressen: http://www.abwerk.de; flohmarkt.de; http://www.netmarkt.de; http://www.promarkt.de

Energieverbrauch *(→ Stromkosten)*

Essen

Wer total abgebrannt ist oder einfach nur kein Geld dafür ausgeben will, muß trotzdem nicht auf eine warme Mahlzeit verzichten. Hier einige Tips. *Tip Nummer eins:* Große Brauereien führen fast täglich Werksbesichtigungen für Schulen und Firmen durch und spendieren hinterher eine Bierprobe mit deftigem Essen. Es fällt gar nicht weiter auf, wenn man sich einer größeren Gruppe anschließt. Das Ganze ist natürlich nur sinnvoll, wenn man in der Nähe einer Brauerei wohnt, weil sonst der Anfahrtsweg zu teuer wird. *Tip Nummer zwei:* Wanderklamotten anziehen und einen Spaziergang unternehmen. Ziel ist irgendein Kloster in der näheren Umgebung. An der Pforte fragt man, ob man am Mittagessen teilnehmen kann – man kann fast immer! Um die Gastfreundschaft nicht zu mißbrauchen, sollte man seine Mithilfe beim Abwasch anbieten. Meistens haben die Mönche ohnehin moderne → Geschirrspülautomaten, so daß man nur noch auf den Knopf drücken muß. Zugegeben: Diese beiden Vorschläge grenzen ein bißchen an Schnorren, aber die Anonymität bleibt gewahrt, und geschadet wird schließlich auch niemandem. Etwas unverfänglicher ist indes *Tip Nummer drei:* Warum für's Essen bezahlen, wenn man sogar noch Geld dafür bekommen kann, daß man etwas ißt? Wie das geht? Ganz einfach: Man bewirbt sich als → Lebensmitteltester bei verschiedenen Firmen (Kleinanzeigen beachten oder sich blind bewerben, z.B. bei *Nestlé Deutschland AG, Lyoner Straße 23, 60528 Frankfurt, Telefon: 069/6 67 11*). Dabei bekommt man immer etwas Nahrhaftes zwischen die Rippen – und verdient sogar noch Geld dabei (um die 18 DM je Stunde). Einzige Gegenleistung ist ein kurzes Gespräch mit dem freundlichen Marktforscher, der das Testergebnis in eine Liste einträgt.

Nachteil: relativ viele Bewerber – ein seriöser Eindruck ist daher das A und O. Manchmal braucht man viel Geduld – und Zeit. *Tip Nummer vier:* In vielen (größeren) Hotels und Ferienanlagen ist der Andrang bei den Mahlzeiten so groß, daß ein Esser mehr oder weniger gar nicht auffällt und die Zugehörigkeit zum Hotel gar nicht überprüft werden kann – nichts für Moralisten! Vielleicht aber *Tip Nummer fünf:* Jeder Aktionär wird einmal im Jahr zur Aktionärsversammlung eingeladen – dort kann man sich nach Belieben am Büfett sattessen und -trinken. Dafür reicht es, wenn Sie eine einzige Aktie eines Unternehmens besitzen – es gibt bereits gute Wertpapiere ab 15 DM (z.B. Kugelfischer = ca. 15 DM, Puma = ca. 30 DM, Continental = ca. 44 DM, Rheinmetall = ca. 48 DM). Als Nebeneffekt kassiert man Dividenden und kann das Papier irgendwann (hoffentlich mit Gewinn) verkaufen – die günstigsten Wertpapiere entnehmen Sie der Tageszeitung oder dem Aushang einer Bank. Natürlich sollten Sie nur eine Aktie kaufen, die im Wert noch steigen kann – am besten sogenannte Blue chips (Bankberater fragen)! Die Fahrt zur Versammlung – egal wie viele Kilometer sie von Ihrem Wohnort entfernt liegt – läßt sich übrigens steuerlich absetzen.

Euro-Taschenrechner

Wer genau wissen will, wieviel etwas in Euro und Cent kostet, kann sich einen Taschenrechner mit Euro-Umrechnungstaste kaufen – Kostenpunkt: ab 20 DM. Es geht aber auch kostenlos: Viele Banken und Sparkassen verschenken solche Geräte neuerdings an gute Kunden oder Neukunden. Man kann das Konto nach ein paar Wochen wieder auflösen – kostet ja nix (→ Girokonto).

F

Fabrikverkauf

In Verkaufslagern gibt es regulär ausgezeichnete Waren zu Billigpreisen, die im Einzelhandel utopisch wären. Daß im direkten Umfeld der Fabrikation die Waren vielleicht nicht immer so perfekt präsentiert werden wie im Fachgeschäft, wird man angesichts der niedrigeren Preise bestimmt gerne in Kauf nehmen. Bei einem Großteil der Firmen sind auch aktuelle Artikel zu Testzwecken im Angebot. Herstellergarantie und Gewährleistungspflicht gelten für diese Produkte ebenso wie für regulär verkaufte Waren. Einziger Nachteil: Die Fabriken liegen manchmal fernab vom Schuß, so daß erhebliche Fahrtkosten entstehen können. Die Fahrt vom Heimatort zur entsprechenden Fabrik lohnt sich daher nicht immer – oft jedoch bei größeren Anschaffungen wie elektronischen Geräten, Kleidung und bestimmten Gebrauchsartikeln, die man nicht gebraucht kaufen will. Die empfehlenswertesten Fabrikadressen siehe bei den verschiedenen Artikeln!

Fahrrad

Absolut unentbehrliches Fortbewegungsmittel für jeden sparsamen Verbraucher. Man kauft es natürlich gebraucht (→ Flohmarkt, → Auktion, → Inserate). Selbst ein fünf Jahre altes Vehikel ist im Prinzip absolut neuwertig, nachdem man eventuell kleinere (Schönheits-)Reparaturen, die nur wenige Mark kosten, durchgeführt hat. Auch Fahrradhändler und Fahrradverleiher bieten gelegentlich gebrauchte Bikes oder Gefährte mit Lackschäden zum Vorzugspreis an. So verkauft der Fahrradreiseveranstalter VeloTours hochwertige Alu-Fahrräder (z.B. Kettler, Neupreis: 1.800 DM) aus seinen Veranstaltungen je nach Zustand für bis zu 80 Prozent billiger plus 50 DM Versandgebühr (Telefon: 07531/ 9 82 80). Die Räder sind dann zwar immer noch ziemlich teuer, aber die Qualitätsware hält auch entsprechend lange. Die beste Einkaufszeit für Fahrräder ist September, nachdem auf der *In-*

tercycle Cologne die neuesten Modelle präsentiert wurden und es zahlreiche Auslaufmodelle gibt. Wenn sich in Ihrer Nähe eine Fahrradfabrik oder ein Vertriebslager befindet, lohnt sich ein Besuch dort mit Sicherheit. Auch eine telefonische Umfrage im Bekanntenkreis oder ein Besuch kann nicht schaden. *Weiterer heißer Tip:* die Fundbüros der Stadt- und Gemeindeverwaltungen – hier landen verlorene Fahrräder, deren Besitzer nicht ausgemacht werden konnten. Wenn sich nach einem Jahr niemand meldet, kann man es gegen einen geringen Unkostenbeitrag mitnehmen oder ersteigern. Wenn alle Stricke reißen und man handwerklich nicht ganz ungeschickt ist, kann man sich natürlich ein Fahrrad auch selbst aus mehreren Einzelteilen (z. B. vom Schrottplatz oder → Wertstoffhof) zusammenbasteln.

Fahrstil *(→ Autofahren, → Kavalierstart)*

Fahrtkosten *(→ Car-Sharing)*

Feilschen

Einkaufs- und Schnäppchenführer hämmern ihren Lesern immer wieder ein: „Leute, feilscht, was das Zeug hält – es lohnt sich!" Ich gebe ehrlich zu, daß ich eher kritisch zum Feilschen stehe, und zwar aus zwei Gründen: Zum einen ist erfahrungsgemäß ein Preisnachlaß meist nur unter bestimmten Bedingungen bei Einzel-Fachhändlern möglich (nicht jedoch bei Discountern!) – aber diese Art Läden meidet der Sparprofi ohnehin. Zum anderen empfinde ich Handeln persönlich als erniedrigend (für mich selbst und auch für den Händler). Wer dennoch handeln will, sollte folgendes beachten: *Erstens:* Stets nur mit dem Geschäftsführer oder dessen Bevollmächtigtem verhandeln – das spart Zeit und Nerven. *Zweitens:* Grundsätzlich bei der Hälfte bzw. zwei Dritteln des ausgezeichneten Preises beginnen – Sie werden diesen Preis sowieso nicht halten können! *Drittens:* Sagen, daß Sie schon mehrmals etwas hier gekauft haben und stets zufrieden waren! *Viertens:* Durchblicken lassen, daß Sie demnächst wiederkommen werden. *Fünftens:* Wenn es nicht klappt, konsequent sein – und gehen ... Wohin? Zur Konkurrenz, versteht sich!

Fernseher/Fernsehen

Nicht gerade das billigste Vergnügen, wenn man Anschaffungs- und Betriebskosten sowie Kabel- und GEZ-Gebühren (→ Gebühreneinzugszentrale) zusammenrechnet. Wer dennoch nicht auf den Flimmerkasten verzichten will, kann mit etwas Glück (freier) Testseher bei einem Marktforschungsinstitut werden – einfach bei *Infratest Burke GmbH, Moosdorfstraße 7, 12435 Berlin, Telefon: 030/27 22 20; Emnid, Stieghorster Straße 86, 33605 Bielefeld, Telefon: 0521/9 25 72 01; usw.* bewerben. Man bekommt dann entweder ein Arbeitsgerät für zu Hause gestellt (Honorar aushandeln!) oder kann im Büro fernsehen. Einziger Nachteil: Man muß sich etwas Zeit für das Ausfüllen der Fragebögen der Marktforscher nehmen.

Finanzamt *(→ Steuererklärung)*

Fitneß

Die günstigsten Sportarten, um fit zu werden (oder zu bleiben), sind Schwimmen, Joggen, Tischtennis, Federball, Fahrradfahren und Wandern – dafür ist kaum teure Spezialausrüstung erforderlich. Komplette Tischtennissets (2 Schläger, 5 Bälle, 1 Netz) beispielsweise gibt es schon ab 20 DM (z.B. bei ALDI oder Grosso, Angebote beachten!), und spielen kann man überall in Freizeitparks auf Steinplatten. Ob man nun ein fanatischer Fitneßfreak ist oder nur ein Gelegenheits- oder Hobbysportler – die Kosten fürs Fitneßstudio (jährlicher Basispreis in guten Studios immerhin ca. 1.500 DM) lassen sich in vielen Fällen auf die Krankenkasse abwälzen. Dann nämlich, wenn man ein fachärztliches Attest vorweisen kann, daß das Training medizinisch erforderlich ist, z.B. wegen Herz-Kreislauf-Schwäche, der Gefahr eines drohenden Bandscheibenvorfalls oder bei ausgeprägter vegetativer Dystonie. Die Preise in den Studios ändern sich ständig und sind vom jeweiligen „Paket“ abhängig (z.B. nur teilweise Benutzung, tagsüber Rabatt, mit oder ohne Saunabenutzung). Von großen Fitneß-Ketten wie „Fit Plus“ rate ich aus Kostengründen (in München bis zu 1.500 DM jährlich) ab – es gibt bereits gute Studios für 800 DM Jahresbeitrag (z.B. *Happy fit GmbH, Radolfzeller Straße 5a,*

81243 München-Westkreuz, Telefon: 089/83 09 22) – für Studenten vielfach noch preiswerter. Auch manche Krankenkassen (z.B. die AOK Görlitz) stellen ihren Versicherten Studios kostenlos zur Verfügung. Wer sich nicht daran stört, mit etwas älteren Geräten zu trainieren, findet im Kleinanzeigenmarkt von der Hantel bis zum Latissimus-Zugturm sehr preiswert alles, was er braucht. Auch wer für ca. 40 DM Jahresbeitrag (steuerlich absetzbar!) Mitglied im lokalen Sportverein wird, kann häufig zu bestimmten Zeiten Fitneßgeräte mitbenutzen.

Flohmarkt

Auf den großen städtischen Flohmärkten findet man keineswegs nur billigen Krimskrams, sondern recht häufig nützliche und gut erhaltene Gegenstände wie Skischuhe, → Skier, → Kleidung, Kinderwagen usw. Das Stöbern, Vergleichen und Handeln auf Flohmärkten macht außerdem viel Spaß. Allerdings ist eine gewisse Vorsicht angebracht: Die Tatsache, daß viele Artikel sehr preiswert angeboten werden, verführt leicht dazu, unnötige Einkäufe zu machen, die man hinterher bereut. Daher: sich selbst unbedingt ein Geldlimit setzen, das man nicht überschreitet! *Hier einige Top-Adressen: Berlin, Kunst- und Nostalgiemarkt, U-Bahn Friedrichstraße, Samstag und Sonntag 11–17 Uhr; Berlin, Straße des 17. Juni, U-Bahn Ernst-Reuter-Platz, Samstags und Sonntags 11–17 Uhr; Düsseldorf, Aachener Platz, Samstags 10–17 Uhr; Frankfurt, Schaumainkai, Samstags 10–17 Uhr; Hamburg, Turmweg (Harvestehude/Rotherbaum), Lehmweg (Eppendorf) und in den Messehallen (am Fernsehturm), auf Termine in den Tageszeitungen achten; Köln, Altstadt, Markt, jeden 3. Samstag im Monat 8–18 Uhr; München, Kunstpark Ost, Freitag und Samstag von 8–18 Uhr; Münster, Hindenburgplatz, jeden 3. Samstag von 8–18 Uhr.*
Internet-Adressen: http://www.flohmarkt.de; http://www.esc/smbh.de/floh/pages/floh.htm.

Flugreisen *(→ Last Minute)*

Fondskauf *(→ Geldanlage)*

Fotoartikel

Eine Kamera sollte man nie neu kaufen, denn ein Qualitätsstück hält gut und gerne ein halbes Jahrhundert und länger, ohne daß sich ein (gravierender) Qualitätsverlust bemerkbar macht. Neuentwicklungen haben jede Menge überflüssiger technischer Finessen, die man fast nie braucht. Wer dennoch eine Kamera (oder Zubehör) neu kaufen möchte, nutzt am besten die Monate Februar und März nach der Fotoartikelmesse – aber nicht im Einzelhandel, sondern im Elektronik-Discounter. Ähnlich wie bei → Computern sollte man sich in jedem Fall nach Restbeständen, Sonderangeboten oder Auslaufmodellen erkundigen. An Filmmaterial kommt man übrigens besonders günstig in Tschechien und Polen; aber auch Drogerien wie *Kaisers Drugstore (http://www.kd-online.de)* haben oft sehr gute Sonderaktionen, z.B. zu Ostern oder Pfingsten. Da kostet ein 100 ASA-Kleinbildfilm mit 24 Aufnahmen dann nur 2,99 DM (36 Aufnahmen: 3,99 DM) oder ein 400 ASA-Film mit 36 Aufnahmen 5,49 – im Fotoladen zahlt man glatt das Doppelte bis Dreifache. *Spezialtip:* Wenn Sie zu den Leuten gehören, die besonders viel fotografieren, halten Sie einen heißen Draht zu einem Mode- oder Pressefotografen (Telefonnummern bei Ihrer Tageszeitung erfragen!) und handeln Sie einen Deal mit ihm aus – nach meiner Erfahrung kann man so Filme weit unter Ladenpreis einkaufen, da die Fotografen als Großabnehmer starke Rabatte bekommen und sich ganz gerne als Zwischenhändler betätigen. Wichtig ist allerdings, daß Sie sich dem Fotografen als Privatmann zu erkennen geben und keine kommerziellen Absichten verfolgen.

Friseur

Bei den Barbieren sind die Preisunterschiede frappant. Ein- und derselbe Haarschritt kann 16 DM oder auch 150 DM kosten – je nachdem, ob man ihn bei einem „Bauernfriseur“ in Unterammergau oder einem Designer-Haircreativ-Studio in Schwabing ausführen läßt. Ein Unterschied sticht dabei kaum ins Auge – es sei denn, man hat ganz spezielle Ansprüche an seinen Haarschmuck. Für eine „Frisur“, wie Weltfußballer Ronaldo sie trägt, sollte man jedenfalls nicht mehr als 20 DM ausgeben. Wer beim Haareschneiden sparen möchte, hört sich am besten im Bekanntenkreis um, ob sich jemand einen flotten Schnitt zutraut. Andere Möglichkeit: Modeln! Viele Haarstudios lassen ihre Auszubildenden am lebendigen Objekt neue Schnitte und Techniken ausprobieren – so bekommt man als Model(l) die neue Frisur zum Nulltarif. Das gleiche gilt übrigens für Manikürestudios und Kosmetiker. Auch sie veranstalten regelmäßig Seminare und sind ständig auf der Suche nach Versuchsobjekten. Keine Angst: Der Meister wirft immer ein aufmerksames Auge auf Ihre Frisur bzw. seinen Lehrling, denn Negativwerbung kann er nicht brauchen. *Hier einige Adressen von Friseurseminaren: Kertu, Oranienburgstraße 97, 13437 Berlin, Telefon: 030/4 11 10 33; Akademie Junge Michaelis, Christian-Gau-Straße 17, 50933 Köln, Telefon: 0221/4 97 24 47; Rudolf Niesners Trainingszentrum, Luitpoldstraße 3, 80335 München, Telefon: 089/59 61 80; Ecole Biosthetik, Gülichstraße 3–5, 75179 Pforzheim, Telefon: 07231/45 60; Kertu, Böblinger Straße 25, 70178 Stuttgart, Telefon: 0711/9 60 49 30.*

Führerschein

Während Männer dieses amtliche Dokument kostenlos bei der Bundeswehr erwerben können (die richtige Einheit wählen, z.B. Sanitäter, Funker, Lastwagenfahrer, Panzerfahrer!), sind Frauen auf Fahrschulen angewiesen. Allerdings läßt sich die Anzahl der Fahrstunden drastisch verringern, wenn man regelmäßig auf einem Parkplatz oder Verkehrsübungsplatz übt. Voraussetzung dafür ist natürlich, daß jemand sein Auto vertrauensvoll zur Verfügung stellt. *Besonderer Tip:* Wer seinen Urlaub für einen Schnellkursus opfert, spart bei speziellen Ferienangeboten Zeit und Geld *(z.B. Intensivschulung im Urlaub, Celler Straße 35, 38518 Gifhorn, Telefon: 05371/42 15).* Ist der Führerschein in Gefahr? Die „Arbeitsgemeinschaft Verkehrssicherheit" hilft. *Die Adresse: AG Verkehrssicherheit, Postfach 2404, 72714 Reutlingen, Telefon: 07121/49 38 94.*

Fundsachen

Kaum zu glauben, was alles in Bussen, Bahnen und Flugzeugen vergessen und nicht mehr abgeholt wird. Nach drei Monaten werden verwaiste Gepäckstücke (vom Schirm bis zum Kinderwagen) versteigert. Der Clou: Die Gepäckstücke der Lufthansa bleiben verschlossen – ersteigert wird also auf gut Glück! Bei der Bahn AG indes darf vor der Versteigerung ein Blick in die Koffer geworfen werden. Auch die örtlichen Fundbüros versteigern oft interessante Gegenstände – Schnäppchen sind da fast immer garantiert. Adressen finden sich im Telefonbuch.

- *Lufthansa (Gepäckstücke aller Art): die „Lost & Found"-Versteigerungen sind regelmäßig ein heißer Auktionspoker um ca. 7.000 Fundstücke. Wegen Terminen bei der Gepäckermittlungszentrale nachfragen. Telefon: 069/6 90 31 10 oder Versteigerung durch das Auktionshaus Wendt (Infonummer: 06151/29 35 15).*
- *Flughafen München II, Versteigerung im Flughafenhotel Kempinski (Infonummer: 089/97 52 13 70).*
- *Flughafen Berlin-Tegel, Fundsachenversteigerung durch das Berliner Fundbüro (Infonummer: 030/69 93 64 47).*
- *Fundbüros der Bahn AG: Hamburg, Telefon: 040/39 18 26 85 (jeweils am 1. Mittwoch, Donnerstag und Freitag des Monats); Frankfurt, Telefon: 069/2 65 56 45 (an den ersten drei Werktagen jedes Monats); Stuttgart, Telefon: 0711/20 92 24 69 (jeweils am 1. Montag und Dienstag eines Monats); München, Telefon: 089/1 28 58 59 (jeweils an den letzten drei Werktagen des Monats); Berlin, Telefon: 030/29 72 90 12 oder 29 72 96 22.*

Fußballspiele *(→ Eintrittskarten)*

G

Gartenbewässerung

Wenn Sie einen Garten mit vielen Zierblumen ihr eigen nennen, brauchen Sie – vor allem im Sommer, wenn es lange heiß ist – Unmengen von Wasser zum Gießen. Laut Statistik wird für einen 500 Quadratmeter-Garten pro Saison rund 20.000 Liter Trinkwasser einfach so verschwendet. Die Kosten dafür belaufen sich auf rund 500 DM. Es geht aber auch anders. *Alternative Nummer 1*: die gute alte Regenwassertonne oder aber professionelle Grau- oder Regenwassernutzungsanlagen. Nachteil: Sie ziehen im Sommer viele Mücken und andere Insekten an. Besser schon *Alternative Nummer 2*: Sie holen sich das Wasser, das Sie benötigen, in Kanistern von öffentlichen Zapfanlagen, z. B. Bächen, Brunnen oder Teichen. Das mag zwar etwas aufwendig sein, es ist aber unter ökonomischen und ökologischen Gesichtspunkten absolut sinnvoll. Ich kenne Leute, die sich auf diese Weise ein kleines Vermögen zusammengespart haben – in 40 Jahren immerhin rund 20.000 DM, die Zinsen noch nicht mitgerechnet. Tja, reich wird eben nur, wer beim Sparen viel Fantasie entwickelt und auch die Mühe nicht scheut, seine Ideen in die Tat umzusetzen.

Gasherd

Im Vergleich zu einem → Elektroherd oder → Mikrowellenherd ist der Gasherd nach Angaben der Zeitschrift *Guter Rat* unter dem Strich deutlich sparsamer, was den Energieverbrauch angeht. Weiterer Vorteil des Gasherdes: Der Koch bzw. die Köchin bekommt keine elektromagnetische Strahlung ab, die möglicherweise gesundheitsschädlich wirkt und eventuell Spätschäden hervorruft, die hohe Kosten verursachen.

Gebrauchtkauf *(→ Second Hand)*

Gebühreneinzugszentrale (GEZ)

Wer künftig Fernseh- und Rundfunkgebühren sparen will, sollte noch heute seine Geräte abmelden *(Gebühreneinzugszentrale Köln, Teilnehmerberatung, 51336 Köln, Telefon: 0221/50 61 11)* und fortan auf Printmedien als Informationsquelle zurückgreifen (oder sich zumindest nicht beim Schwarzsehen erwischen lassen). Kontrollieren kann dies im Prinzip niemand, denn Sie müssen den Vertreter der GEZ nicht in Ihre Wohnung lassen. Zwar gibt es inzwischen angeblich technisches Gerät, das aus 20 Metern Entfernung kontrollieren kann, ob in einem Haus ein Fernseher läuft (sogenannter „Peilwagen") – in diesem Fall müßten Sie sogar Gebühren im Extremfall bis zu 2.500 DM nachzahlen. Aber: Dieser (erlaubte!) Lauschangriff funktioniert nur bei freistehenden Häusern, nicht bei Wohnanlagen oder Gebäudekomplexen – hier kommt der „Lauscher" in Beweisnot. Schlechte Karten für die GEZ ... Doch Vorsicht vor den plumpen Tricks der GEZ-Fahnder: Sie schleichen durch Treppenhäuser, horchen an Türen, spionieren, fragen den Hausmeister aus, machen Pseudo-Umfragen (meist zum TV-Programm), drohen mit der Polizei, rufen an und werben (angeblich!) für Kabelanschluß oder Programmzeitschrift. Schon vorhanden? Geschnappt!

Geldanlagen

Sparer mit schwachen Nerven und kurzfristigem Anlagehorizont (bis zu drei Jahre) sollten auf jeden Fall die Finger von Aktien/Aktienfonds (siehe auch den Artikel → Aktien), Optionsscheinen, Termingeschäften, Fremdwährungsanlagen, börsennotierten *covered warrants* und ähnlich riskanten Anlagen lassen. Für diese Papiere muß man nämlich extra ein Depot einrichten, das bis zu 300 DM jährlich kosten kann. Empfehlenswert für Kleinanleger sind Bundesschatzbriefe (kostenlose Aufbewahrung bei der Bundesschuldenverwahrungsstelle), festverzinsliche Wertpapiere von Unternehmen und Staaten mit garantiertem Zinssatz (sogenannte „Obligationen" oder „Rentenpapiere"), Festgeldanlagen (sogenannte „Sparbriefe") bis zu vier Jahren (nur bei gutem Zinssatz!) sowie offene Immobilienfonds (hier zahlt man allerdings fünf Prozent Ausgabeaufschlag, so daß man effektiv erst nach einem

Jahr Zinsen kassiert). Auf keinen Fall sollte man sich vom Bankberater institutseigene Fonds aufschwatzen lassen – hier zehren Kauf- und Verkaufsaufschlag sowie Depotgebühren einen Teil der (nicht garantierten!) Rendite auf. *Die besten Sparzinsen zahlten in den letzten Jahren folgende Banken: Allgemeine Deutsche Direktbank, Telefon: 0180/33 23 33; Volkswagen direkt, Telefon: 0130/3 22 42 23: Quelle-Bank,Telefon: 0130/20 30; Noris-Bank, Telefon: 0651/4 27 55 oder 0130/85 86 00; CC-Bank, Telefon: 089/52 09 80; DSK-Bank, Telefon: 089/7 14 31 01 und – bei größeren Anlagebeträgen, z.B. ab 30.000 DM – die Postbank, Telefon: 0130/7890. Eine monatlich aktualisierte Liste von Zinsangeboten aller in Deutschland zugelassenen Banken erhält man per Faxabruf unter 0190/77 99 44 02 (Sparbriefe), 0190/77 99 45 02 (Festgeld) oder 0190/77 99 43 02 (Tagesgeld) – Kosten: 2,42 DM pro Minute.*

Gesundheit *(→ Medikamente)*

Gericht *(→ Rechtsstreit)*

geschenkt

Neben Lebensmittelgratisproben, → Remittenden/Retouren und Testartikeln gibt es noch jede Menge Dinge (hauptsächlich Bastel- und Gebrauchsgegenstände), die man pro bono bekommt. Hier einige Internet-Adressen mit umfassenden Verzeichnissen von zu verschenkenden Sachen. Sehr empfehlenswert, übersichtlich und umfangreich: *htttp://www.einstein.de; htttp://www.kostenlos.de; htttp://www.gratis-service.de;*
htttp://www.infostar.de/webindex/tip.htm.

Geschirrspülen

Elektrofirmen werben oft mit dem Argument, daß der Abwasch mit einem sparsamen Geschirrspüler nur etwa halb soviel kostet wie mit der Hand – und auch nur ein Viertel der Zeit braucht. Das trifft aber nur zu, wenn der Abwasch unter fließendem Wasser erfolgt – was man sowieso nicht machen sollte. Selbst wenn man sehr verschwenderisch per Hand abspült, würde es sieben bis zehn Jahre dauern (bei sehr teuren Geräten noch länger!), bis sich der Geschirrspüler (Kostenpunkt um die 1.300 DM) amortisiert hat. Noch nicht eingerechnet sind Spezialspülmittel, Entkalker, Reinigungsmittel, Reparaturkosten (laut Statistik bei jedem zweiten Gerät) – die Amortisationszeit verlängert sich dadurch entsprechend. Nach spätestens 15 Jahren ist das Gerät schrottreif. Und noch aus einem weiteren Grund ist das Werbeargument eine Milchmädchenrechnung: Bevor man Teller, Tassen und Gläser in die Geschirrspülmaschine stellt, sollte man sie kurz unter fließendes Wasser halten – sonst werden sie nicht richtig sauber. Aber auch beim Abwasch mit der Hand gilt es einige Dinge zu beachten. *Erstens:* Nie unter fließendem Wasser spülen, sondern in einem mit lauwarmem Wasser gefüllten Becken. *Zweitens:* Ein Eßlöffel Spülmittel genügt vollkommen für ein mittelgroßes Becken. *Drittens:* Mit dem Abwasch nicht zu lange warten! Je länger nämlich Geschirr und Besteck unabgespült herumliegen, desto mehr Wasser benötigt man hinterher, weil die Speisereste schwerer zu entfernen sind. Wer sich nicht daran stört, Brotteller oder -brettchen mehrmals hintereinander zu verwenden, wischt die Krumen einfach mit einem feuchten Tuch ab.

Getränke

Wußten Sie, daß Trinkwasser aus der Leitung in Deutschland das am besten kontrollierte Lebensmittel ist? Da kann man leicht auf (teures) Mineralwasser verzichten, das laut *Stiftung Warentest* teilweise schlechtere Qualität aufweist als Leitungswasser. Beim Trinken kann eine vierköpfige Familie monatlich leicht 200 DM oder mehr einsparen und dabei gleichzeitig noch etwas für die Gesundheit tun. Spirituosen und Sekt stehen auf der Out-Liste. Anstelle von Wein, Bier, Limonade, Cola und Kaffee (Kostenpunkt für vier Personen ca. 200 bis 250 DM) kommen Kräutertees in verschiedenen Geschmacksrichtungen auf den Tisch. Diese kosten Pfennigbeträge, können jederzeit frisch zubereitet und in Thermoskannen lange warm gehalten werden. Natürlich kauft man den Tee nicht teuer im Teefachladen, in der Apotheke oder der Drogerie, sondern im Supermarkt-Discounter (25 Aufgußbeutel kosten bei PLUS, NORMA oder ALDI 99 Pfennig). Es geht aber noch günstiger – durch Selbersammeln: Brennesseln, Hagebutten oder Schachtelhalmkraut (Zinnkraut) wachsen praktisch an jedem Bahndamm oder Waldrand. Anschließend in der Sonne trocknen. Dazu kommt das „Trinkerlebnis“, sein Getränk selbst zubereitet zu haben. Alternative: Kräuterdirektversand – um kostenlose Proben bitten! *Hier zwei Adressen: Kräuter Ciupek, Auf dem Scheid 29, 53537 Breitscheid, Telefon: 02638/ 1 18 (über 400 Kräuter von Anis bis Zinnkraut); Direkt-Teeversand Harenbrock, Weglache 14, 65205 Wiesbaden, Telefon: 0611/ 70 25 52.*

Girokonto

Ohne selbiges kommt man heute nicht mehr aus, da bestimmte Posten (Versicherungsbeiträge, Stromkosten, Wasser, Steuern usw.) nicht mehr bar bezahlt werden können. Allerdings gibt es hinsichtlich der Gebühren beträchtliche Unterschiede, da die Konkurrenz inzwischen recht groß ist. Teuer wird es, wenn man EC-Card, Eurocard, viele Buchungen, Daueraufträge oder sonstige Spezialwünsche hat. Wer diesbezüglich bescheiden ist, kann mit der richtigen Bank leicht 200 DM im Jahr sparen. Kostenlos und praktisch, aber unter Fachleuten umstritten ist → Telebanking (Hackergefahr!). *Die folgenden Banken bieten derzeit kostenlose Konten an: American Express, Telefon: 069/97 97 44 44; Comdirect Bank, Telefon: 01803/44 45; Postbank (Voraussetzung: 2.000 DM Zahlungseingang pro Monat), Telefon: 0130/78 90 ; Sparda-Bank (Voraussetzung: 2.000 DM Zahlungseingang pro Monat), Telefon: 089/1 68 80 41; BfG-Bank (Voraussetzung: 2.000 DM Zahlungseingang pro Monat), Telefon: 069/2 58 64 01; Advance-Bank (Nachteil: Barabhebungen über 5.000 DM kosten 10 DM Pauschalgebühr), Telefon: 01803/33 00 00; Citibank (Voraussetzung: 5.000 DM auf dem Sparbuch für nur 1,9 Prozent Verzinsung), Telefon: 01803/32 21 11.*

Wer seine Bankverbindung wechseln will, kann eine Checkliste der *Stiftung Warentest* unter folgendem Faxabruf beziehen: 01905/1 00 10 86 50. Außerdem bietet die Stiftung per Faxabruf (1,21 DM/Seite) Merkblätter an, die bei der Rückforderung von unrechtmäßig kassierten Bankgebühren helfen. Übrigens: Die Auflösung von Girokonten oder Sparbüchern muß kostenlos vonstatten gehen – es gibt nach dem Gesetz keine Anspruchsgrundlage hierfür. Notfalls mit Meldung beim Verbraucherschutzverein (Bayreuther Straße 40, 10719 Berlin) drohen, er sammelt solche Fälle für einen Musterprozeß.

Gratisproben

Auf Kirsch-, Apfel- oder Erdbeer-Selbstpflückplantagen kann man sich nach Herzenslust sattessen, bezahlt wird nur das kleine Schälchen, das man am Schluß wiegen läßt. Manche Hersteller (vor allem aus der Sport-, Lebensmittel- und Pharmabranche) geben hin und wieder Gratisproben von (neuen) Produkten ab – ein Anruf in der Marketing- oder Retourenabteilung genügt. Leider klappt das nicht immer auf Anhieb. Auch → Remittenden mit kleineren Fehlern (z.B. in der Verpackung) kann man sich in vielen Retourenstellen abholen. Eine weitere, vielleicht noch bessere Möglichkeit, sich durchzufüttern, ist, sich als → Lebensmitteltester zu bewerben (Adressen siehe dort). Dabei bekommt man etwas Nahrhaftes zwischen die Rippen – und verdient sogar noch Geld dabei (um die 18 DM je Stunde).
Hier einige Telefonnummern, wo sich eine Nachfrage lohnen kann: Kölln (Haferflocken), Postfach 609, 25306 Elmshorn, Telefon: 04121/8 71 88; Nestlé Deutschland AG (Nahrung, Babykost), Lyoner Straße 23, 60528 Frankfurt, Telefon: 069/6 67 11 (Retourenstelle).
Empfehlenswerte Internet-Adressen:
htttp://www.arnold-andre.de/seiten/Zug.html
(kostenlose Zigarillo-Proben);
htttp://www.teatime.de/proben.html
(verschiedene Teesorten als Begrüßungsgeschenke gratis).

H

Haarshampoo

Die Preisspanne bei Haarshampoos liegt etwa zwischen 0,99 DM und 12 DM für die gleiche Menge (200 ml). Nicht nur bei den Preisen, sondern auch am Haar lassen sich deutliche Unterschiede feststellen. Manche Shampoos erweisen sich bei genauerem Hinsehen als schäumende Chemiekeulen mit schlechtem Wascheffekt. Am besten greift man zu einem Shampoo mit natürlichen Ingredienzen, auch wenn dieses vielleicht ein paar Mark mehr kostet. Beachten Sie dabei vor allem den langfristigen Spareffekt, der aus der guten Pflege der Haare und der Vorbeugung gegen mögliche Gesundheitsschäden resultiert. Außerdem benötigt man von einem Qualitätsshampoo weniger als von einem schlechten. Das Shampoo mit dem besten Wascheffekt und dem günstigsten Preis-Leistungs-Verhältnis ist nach meiner eigenen Testerfahrung das Natur-Shampoo (z. B. mit Blütenhonig) von „Neobio" (200 ml kosten 7,95 DM im Reformhaus; reicht für ca. 20 Kopfwäschen); die schlechtesten Erfahrungen machte ich mit „Schauma" und diversen anderen Billigshampoos – hier braucht man sehr große Mengen, um einen Wascheffekt zu erzielen. Außerdem wird durch die scharfen Chemikalien das Haar brüchig. *Mögliche (sehr preisgünstige) Alternative:* die Haare mit Eigelb und/oder einer Handvoll Bier (!) waschen – wird von naturheilkundlichen Medizinern wärmstens empfohlen. Einfach mal ausprobieren!

Haftpflichtversicherung

Um diese Police kommt im Prinzip niemand herum. Allerdings: Die Preisspanne der Anbieter bei zwei Millionen Mark Dekkungssumme für Familienpolicen reicht von 65 DM (Cosmos Direkt, leistet allerdings erst ab 500 DM Mindestschaden) bis zu knapp über 200 DM (Helvetia, Württembergische). Was die wenigsten wissen: Pro Haushalt benötigt man nur eine Versicherung – allerdings muß die Police um den Namen der Mitbewohner er-

weitert werden. *Beispiel: Wenn zwei oder mehr Personen zusammenziehen, kann der ungünstigere Versicherungsvertrag gekündigt werden. Sind beide gleich teuer, muß der längerbestehende beibehalten werden.*
Übrigens: Für Singles gibt es spezielle Dumpingtarife! Die folgenden Versicherungsgesellschaften sind besonders günstig:

Anbieter	Anschrift	Telefon
WGV Schwäbische Allgemeine	Tübinger Straße 43, 70178 Stuttgart	0711/9 66 66 66
Cosmos direkt	Halbergstr. 52–54, 66121 Saarbrücken	0681/9 66 66 66
Debeka	56506 Koblenz	0261/4 98 13 64/5
Deutsche Allgemeine	PF 5560, 65730 Eschborn	0180/2 34 35 01
Dialog	Dammtorstr. 13, 20354 Hamburg	040/35 08 22 87
Europa	Piusstr. 137, 50931 Köln	089/29 16 52 10
Ontos	Dürener Str. 295–297, 50935 Köln	0221/4 67 12 00
Patria	Riehler Str. 88–90, 50668 Köln	01803/32 32 80

Handeln *(→ Feilschen)*

Handy

Die neue Handygeneration ist leicht und gehaltvoll. Der Second-Handy-Markt spielt sich inzwischen überall ab: in Anzeigenblättern, Servicediensten der Netzbetreiber und im Internet. Da die Tarife der verschiedenen Anbieter ständig wechseln, verzichte ich hier darauf, irgendwelche Empfehlungen auszusprechen – außer dieser: Wer zu den richtigen Zeiten drahtlos telefoniert, spart gegenüber dem normalen Telefon mehr oder weniger deutlich (Faxabruf-Nummern mit den besten aktuellen Spartarifen siehe im Artikel → Telefonieren). Wer Handys anruft, wählt Call-by-Call. Die billigsten Angebote liegen bis zu 60 Prozent unter dem Telekom-Preis (vgl. die wöchentlich aktualisierten Faxabruf-Nummern).

Hier einige Info-Telefonnummern und Internet-Adressen: D2: 0172/2 29 33, E-Plus: 0177/11 51; http://www.gebrauchthandy.de; http://www.handyboerse.com; Gebrauchthandy-Faxabruf: 0190/2 52 13 45 82 (3,64 pro Minute). Eine monatlich aktualisierte Gebührenübersicht erhält man per Faxabruf unter 0190/94 95 99 702 (2,42 DM pro Minute).

Happy hour

Manche Geschäfte und Selbstbedienungs-Restaurants in Kaufhäusern bieten eine Stunde vor Geschäftsschluß eine sogenannte Happy hour (zu deutsch: „Glücksstunde") an: Alle Waren kosten dann nur noch die Hälfte. Zweck dieser Aktionen ist es, nicht auf der Ware sitzenzubleiben – der Verbraucher freut sich, wenn er z. B. für ein Brot nur noch 1,50 DM zahlt oder ein Menü – bestehend aus Tagessuppe, 2 Kartoffelklößen mit Soße und Pommes frites – für 6 DM bekommt *(z. B. Kaufhaus Hörhammer, Pfarrstraße 1, 85221 Dachau, Telefon: 08131/8 32 46; werktags ab 16 Uhr).* Die preiswertesten Selbstbedienungs-Restausnts mit Happy hour findet man übrigens in Großmarktketten (EKZ, Grosso, Industrieparks usw.).

Haushaltsauflösungen

Wenn jemand stirbt, wissen die Hinterbliebenen oft nicht, wohin mit dem Hausrat. Häufig landen daher Tische, Stühle, Töpfe, Musikinstrumente, Pflanzen, Bilder, Sportgeräte, sogar Fernseher auf dem → Wertstoffhof. Wer fix ist und kein Problem damit hat, daß er die Gegenstände eines Toten benutzt, kann hier gute Schnäppchen machen. Wie man davon erfährt? Entweder Kleinanzeigen beachten oder aber höflich bei Hinterbliebenen von kürzlich verstorbenen Personen (Pfarrblatt, Gemeindeanzeiger!) nachfragen!

Haustiere

Tiere sind häufig teurer als zunächst angenommen. Da sind zunächst die Anschaffungskosten – diese lassen sich umgehen, wenn man den vierbeinigen oder gefiederten Freund kostenlos vom Tierheim oder Tierarzt bekommt. Auch Bauern verschenken oft junge Katzen oder Hunde. Nicht herum kommt man jedoch um Pflege- und Futterkosten: Teures Trockenfutter oder Chappi muß es nicht immer sein; Katzen, Hunde und Hasen fressen fast alles, was von den normalen Mahlzeiten übrigbleibt. Wenn das Tier krank wird, können allerdings erhebliche Kosten für tierärztliche Betreuung und Medizin anfallen. Tierfreunde, die sparen wollen, sollten sich daher besser kein eigenes Tier anschaffen, sondern sich um ein Leihtier bemühen, das sie immer aufnehmen oder Gassi führen, wenn der Besitzer nicht da ist. Viele beruflich stark eingespannte Singles oder Geschäftsleute besitzen Tiere, für die sie hin und wieder einen Pflegeplatz suchen. Wichtig: Das Tier muß eine eigene Haftpflichtversicherung (z.B. Hundehaftpflicht) haben – sonst steht der Leihbesitzer für eventuelle Schäden gerade! Wer dennoch unbedingt ein eigenes Tier will, sollte mit einem Goldfisch oder einem Wellensittich vorliebnehmen – sie sind besonders preiswert und pflegeleicht.

Heizgeräte (zusätzliche)

Zusätzliche Elektro-Heizgeräte sind gierige „Stromfresser" (eine Stunde kostet bis zu 1,50 DM Strom). Außerdem wirbeln die Konvektorheizer jede Menge Staub auf (Allergiegefahr!). Es entsteht keine gleichmäßige Wärme, sondern nur heiße Luft direkt vor dem Gerät. Schließlich wird durch den Generator Ungeziefer angezogen. Weiterer Negativpunkt: Die Anschaffungskosten für ein solches Gerät betragen bis zu 200 DM. Ideal ist es, wenn man im Besitz eines Ofens ist, den man mit selbstgesammeltem Brennholz und Tannenzapfen „füttern" kann. So werden selbst lange Winterabende zu einem gemütlichen, warmen Vergnügen. Ansonsten bleibt noch immer die gute alte Wärmflasche.

Heizkosten *(→ Heizung, → Heizgeräte)*

Heizöl

Sollten Sie Hausbesitzer sein und einen Heizöltank Ihr Eigen nennen, müssen Sie diesen wohl oder übel irgendwann füllen. Das sollte man jedoch nie im Herbst oder im Winter tun, sondern idealerweise im Juli oder August, wenn die Quecksilbersäule Höchststände erreicht. Ein Vergleich mehrerer Anbieter lohnt sich: Einfach den Markt über einige Wochen beobachten und dann zuzuschlagen, wenn sich der Preis im Keller befindet! Apropos Keller: Je mehr Leute in Ihrer Straße oder Siedlung Heizöltanks in ihren Kellern haben, desto mehr können Sie den Preis drücken. Am besten besprechen Sie sich vorher mit einigen Nachbarn, so daß die Heizölfirma gleich mehrere Aufträge an einem Tag hinter sich bringen kann.

Heizung

Wer die Zimmertemperatur auch nur um ein Prozent senkt, spart bis zu sechs Prozent der Heizkosten. Der empfundene Wärmeverlust läßt sich durch zweckmäßige Kleidung (z.B. Wollpullover) ausgleichen. Auch richtiges Lüften spart Heizkosten. Richtig heißt: oft – kurz – kräftig (dreimal täglich). Die beste Lüftung ist der Durchzug für fünf Minuten – während dieser Zeit dreht man die Heizung komplett ab. Kühle Luft erwärmt sich wesentlich schneller, so daß bereits kurz nach dem Durchlüften die normale Raumtemperatur wieder erreicht ist. Ein weiterer Aspekt ist zu beachten: Alte Heizanlagen können sehr teuer sein. Wenn sie mehr als 15 oder 20 Jahre auf dem Buckel haben, ziehen bis zu 40 Prozent der eingesetzten Energie ungenutzt durch den Schornstein – das schadet der Umwelt und dem Geldbeutel.

Hotels

Für wen → Jugendherbergen und → Campingplätze nicht in Frage kommen bzw. wer auf ein bißchen Komfort nicht verzichten möchte, kann bei der Wahl des richtigen Hotels bzw. mit einer geschickten Verhandlungstaktik bei der Reservierung bares Geld sparen. Die Hotels bieten jede Menge Sondertarife an, nach denen man allerdings gezielt fragen muß. Hier einige Tips: 1. Erkundigen Sie sich konkret nach Spartarifen und Sonderpreispaketen (z.B. Ostern, Wochenende). 2. Häuser mit vier oder fünf Sternen sind kaum besser als Drei-Sterne-Häuser; diese haben (annähernd) den gleichen Komfort, allerdings meist keinen 24-Stunden-Zimmer-Service, keine Bar, keinen Swimming-Pool und keinen Fitneßraum. 3. Sagen Sie, daß Sie länger (z.B. drei oder vier Wochen) bleiben wollen, halten Sie sich aber die Möglichkeit offen, schon früher wieder abzureisen – was Sie dann auch tun. 4. Wenn der

Reisetermin schon kurz bevorsteht, fragen Sie nach kurzfristigen Last-Minute-Angeboten bzw. lassen Sie sich bei mehreren Hotels auf die Warteliste setzen. 5. Vermeiden Sie nach Möglichkeit Messezeiten. *Und hier die günstigsten Tarife bzw. die besten Angebote in den schönsten deutschen Hotels: Arabella/Sheraton, Wochenendpreis ab 183 DM, Telefon: 0180/2 55 11; Astron, Wochenendpreis ab 122 DM, Telefon: 01802/30 49 49; Best Western, Wochenendpreis ab 140 DM, Telefon: 01802/21 25 88; Comfort/Quality/ Clarion, Wochenendpreis ab 150 DM, Telefon: 0130/85 55 22; Crowne Plaza/Holiday Inn, Wochenendpreis ab 104 DM (Leipzig) bis 246 (Hamburg), Telefon: 0800/1 81 51 31; Dorint, Wochenendpreis von 122 bis 222 DM, Telefon: 02161/81 80; Hilton, bei zwei Nächten 25 Prozent Ermäßigung oder dritte Nacht kostenlos, Telefon: 0130/81 81 46; Mövenpick, Wochenendpreis ab 99 DM (Nürnberg) bis 135 DM (München), Telefon: 0800/8 49 99 99; Novotel, Wochenendpreis ab 158 DM, Telefon: 06196/4 30 04.*
Die Angebote gelten jeweils für zwei Personen im Doppelzimmer mit Frühstück.

Hunde/Hundehaltung/Hundefutter *(→ Haustiere)*

I

Immobilien

Wer durch seine *Billiger-Leben*-Philosophie so viel Geld übrig hat, daß er es in Immobilien investieren will, sollte sich nicht für einen teuren Neu-, sondern für einen Altbau entscheiden. Bei Zwangsversteigerungen kann man recht günstig an ein Haus kommen. Die Termine von Immobilien-Auktionen sind rund zwei Monate vorher im Amtsgericht ausgehängt; auch in Tageszeitungen sind sie unter „Amtliche Mitteilungen" veröffentlicht. Der Argetra-Verlag in Ratingen (Telefon: 02102/71 17 00) bringt mehrmals jährlich einen Katalog mit zur Versteigerung ausgeschriebenen Immobilien heraus. Bei Interesse verschafft man sich beim Katasteramt der zuständigen Gemeinde Grundbucheinsicht – hier erfährt man, ob es Lasten (Grundschuld, Hypotheken) oder Beschränkungen gibt. Bei den zuständigen Amtsgerichten erfährt man die bei den Versteigerungen einzuhaltenden Modalitäten (z.B. schriftliches Gebot oder Ersteigerung durch Handheben). Bei der Versteigerung selbst sind erforderlich: gültiger Ausweis sowie zehn Prozent des späteren Gebotes (muß als Sicherheit hinterlegt werden!) – bar oder als Scheck, der von der Landeszentralbank bestätigt ist (ein normaler Euro-Scheck reicht nicht). *Hier einige empfehlenswerte Adressen: Amtsgerichte (eine Auswahl): Hamburg-Mitte, Telefon: 040/34 97 1; München-Schwabing, Telefon: 089/55 97 06; Stuttgart, Telefon: 0711/92 10; Frankfurt, Telefon: 069/13 67 01; Leipzig, Telefon: 0341/49 40 0; Münster, Telefon: 0251/49 41; Kassel, Telefon: 0561/71 23 0; Osnabrück, Telefon: 0541/31 50; Nürnberg, Telefon: 0911/32 10 1; Dresden, Telefon: 0351/44 60; Bremen; Telefon: 0421/36 10; Auktionshaus Schloß Schwante (Häuser, Grundstücke), Berlin, Telefon: 033055/8 59 38 16.*

Inserate *(→ Kleinanzeigen)*

Inspektionen *(→ Autoreparaturen)*

Internet

Immer wieder schwärmen Schnäppchenführer von den günstigen Einkaufsmöglichkeiten im Internet. Dies stimmt aber nur für den Einzelfall, denn allzu oft erweist sich die Schnäppchensuche im Cyber-Highway als Milchmädchenrechnung. Die Gründe: Zunächst einmal braucht man einen Telefonanschluß (43 DM), dann einen Provider (Online-Anbieter, Kosten siehe unten), dazu kommt die Online-Gebühr (t-online 3 DM pro Stunde, AOL 4,95 DM pro Stunde usw., siehe unten) für die Zeit, während der man im Net surft. Zu diesen Kosten kommen noch die Telefongebühren. Um überhaupt ins Internet zu gelangen, braucht man neben dem → Computer mit Grafikkarte ein Modem oder eine ISDN-Karte (Kostenpunkt: 200 DM), welche den Rechner mit dem Telefonnetz verbindet und so den Datenaustausch mit anderen Computern ermöglicht. Und schließlich ist auch der Download bestimmter Dateien oder Pages, die einen interessieren, nicht umsonst. Sie sehen schon: Jede Menge Kosten! Es gibt mehr als 30 Millionen Internet-Pages. Man kann fast ALLES finden, muß aber oft ewig suchen. Bis man zu den entsprechenden Seiten und Online-Katalogen vorgedrungen ist, kann – je nach Tageszeit und Leistungsfähigkeit des Computers – eine Stunde (oder noch mehr) vergehen. Wer sich dann angesichts der Fülle des angebotenen Materials nicht entscheiden kann, vertelefoniert im ungünstigsten Fall schnell hundert Mark und mehr. Alternative: Man teilt sich einen Anschluß mit mehreren Personen (Nachbarn, Freunden) oder geht ins nächstgelegene Internetcafé (gibt es inzwischen in jedem größeren Ort). *Schnäppchen und Sonderangebote: My World (htttp://www.myworld.de; vor allem Unterhaltungselektronik).* Rechtlich gesehen hat der Kauf im Internet übrigens keine Sonderstellung. Aber: Wenn man Waren im Ausland bestellt hat, können Reklamationen zu einem teuren Spießrutenlauf werden. Generell gilt: Unbedingt abklären, ob bzw. in welcher Höhe zu den angegebenen Preisen noch Steuern oder Transportkosten hinzukommen.

Hier eine Übersicht über die Provider – suchen Sie sich den für Sie günstigsten heraus:

- *t-online, Telefon 0130/50 00 oder 0800/3 30 10 00 (monatliche Grundgebühr: 8 DM, 2 Freistunden, danach 3 DM pro Stunde)*

- *AOL, Telefon 01805/31 31 64 (monatliche Grundgebühr: 9,90 DM, 3 Freistunden, danach 4,95 DM pro Stunde. Nachteil: lange Warteschleife beim Service-Telefon)*
- *Compuserve, Telefon 0130/37 32 (monatliche Grundgebühr: 9,95 US-Dollar, 5 Freistunden)*
- *1&1, Telefon 0180/5 23 16 36 (keine monatliche Grundgebühr; 2 Freistunden, 4,20 DM pro Stunde)*
- *Cybernet, Telefon 089/99 31 52 00 (monatliche Grundgebühr: 29 DM, 10 Freistunden, danach 3 DM pro Stunde)*
- *VIAG Interkom, Telefon 0800/1 09 00 00 (keine monatliche Grundgebühr, 1 Freistunde, danach 6 DM pro Stunde)*
- *Ginko, Telefon 0180/5 54 46 56 (monatliche Grundgebühr: 9,90 DM, ansonsten alles frei)*
- *Netsurf, Telefon 040/7 66 29 16 23 (monatliche Grundgebühr: 35 DM, ansonsten alles frei)*
- *Uunet, Telefon 0180/5 00 55 05 (monatliche Grundgebühr: 19 DM, keine Freistunden, 6 DM pro Stunde)*
- *Arcor, Telefon 0800/1 07 08 00 (6 Pfennig pro Einwahl, keine monatliche Grundgebühr, 7,20 DM pro Stunde)*

Diese Internet-Adressen könnten sich gegebenenfalls lohnen:
htttp://www.kostenlos.de; htttp://www.schnaeppchen.de;
htttp://www.direktkauf.de/shop; tttp://www.myworld.de;
htttp://www.shop.de; htttp://www.shopping-online.de;
htttp://www.eso.bus.at; htttp://www.shoppingservice.com;
htttp://www.abwerk.de; htttp://www.icat.co.uk;
htttp://www.netmarkt.de; htttp://www.neuewelt.de;
htttp://www.oneworld.de; htttp://www.umwelt.de;
http://www.netmarkt.de; http://www.promarkt.de;
htttp://www.flohmarkt.de; htttp://www.amazon.de;
htttp://www.flugbörse.de; htttp://www.libri.de;
htttp://www.dell.com;
Und hier noch einige Suchmaschinen, mit denen man zu den gewünschten Artikeln gelangt: http://www.lycos.de;
http://www.altavista.de; http://www.aol.de;
http://www.fireball.de; http://www.infoseek.com;
http://www.lycos.de; http://www.spider.de; http://www.yahoo.de.

J

Jugendherbergen

Jugendherbergen in aller Welt bieten in angenehmer Umgebung eine gute Unterkunft. Auch wenn der Name etwas anderes vermuten läßt, so nehmen praktisch alle Jugendherbergen jederzeit auch ältere Semester auf – einzige Voraussetzung ist die Mitgliedschaft im *Deutschen Jugendherbergswerk, Bismarckstraße 8, 32756 Detmold, Telefon: 05231/7 40 10, oder: An der Burg 2, 90403 Nürnberg, Telefon: 0911/22 38 10; Jahresbeitrag: 20 DM (bis 27 Jahre) bzw. 35 DM (ab 27 Jahre und Ehepaare sowie eheähnliche Lebensgemeinschaften); das internationale Jugendherbergsverzeichnis kostet für Mitglieder 16 DM, im Buchhandel 21 DM.* Ob in einem bayerischen Schloß, einer romantischen Berghütte in Skandinavien oder in einer alten Chorschule in London – hier trifft man immer nette Leute, und der Service ist überall okay. Die meisten Herbergen sind ganzjährig geöffnet. Allerdings sollte man als „Dino“ gegenüber dem „normalen“ Lautstärkepegel der Kids tolerant sein. Die Übernachtungspreise im einzelnen? Nun, in einer Jugendherberge in Los Angeles bezahlt man z. B. nur 10 $. Es gibt sogar Herbergen, wo eine Übernachtung nur umgerechnet 10 DM kostet *(z. B. Limenas Hersonissou, Thessai Plaka or Drapano, Kreta, Telefon: 897/2 32 82; Chania, 33 Drakonianou St, Kreta, Telefon: 821/5 35 65; Kinizsi Strawberry, Youth Hostel II, Kinizsi u 2–6, Budapest IX, Telefon: 2/17 30 33).* In einigen der einfacheren Häuser wird der Gast *vielleicht* gebeten, einige einfachere Arbeiten im Haushalt zu verrichten und/oder vor der Abreise etwas aufzuräumen – das hilft, die Kosten niedrig zu halten. Eigene Laken oder Schlafsack sollte man mitbringen (sonst Extrakosten!). Vorausbuchen ist sinnvoll (per Fax, Brief oder telefonisch), aber nicht unbedingt nötig.

K

Kavalierstart

Der „Angeberstart" mit quietschenden Reifen ist inzwischen selbst in Manta-Kreisen megaout. Wer dennoch die Reifen qualmen läßt, hat entweder zuviel Geld oder ein unterentwickeltes Selbstbewußtsein. Denn mittlerweile weiß jeder, daß ein defensiver, entspannter Fahrstil nicht nur Sprit spart (laut *ADAC-Motorwelt* immerhin 29 Prozent), sondern auch Reifenprofil und Nerven schont. Kavalierstart-Freaks aufgepaßt: Bei 10.000 gefahrenen Kilometern pro Jahr macht das bei einem durchschnittlichen Benzinverbrauch von 8 Litern/100 Kilometer den stattlichen Betrag von ca. 450 DM.

Keyboard *(→ Musikinstrumente)*

Kfz-Versicherung *(→ Autoversicherung)*

Kindersachen

Kinder mit Second-Hand-Klamotten auszustatten ist eine sinnvolle Alternative zum Neukauf. Schließlich sind die Kleinen nach wenigen Jahren sowieso wieder rausgewachsen. In Kinder-Second-Hand-Läden, die man inzwischen in fast allen Orten findet, gibt es so ziemlich alles für den Junior, vom Babystrampler über Hemdchen, Hosen, Röcke und Pullover, bis hin zu Jacken und Mänteln für 12–14jährige Kids. Es lohnt sich, öfter mal vorbeischauen, denn in den meisten Geschäften kommt fast täglich neue Ware dazu. Bevor Kleidungsstücke in den Verkauf kommen, werden sie auf Beschädigungen untersucht und gewaschen – also keinerlei Bedenken, was die Hygiene anbelangt. Andere Möglichkeit: beim Pastor der Kirchengemeinde fragen, ob er irgendwelche Familien kennt, die eventuell Kinderbekleidung billiger oder gar kostenlos abgeben. Achten Sie auch auf Inserate in den regionalen Anzeigenblättchen. Oft geben auch Eltern aus dem Bekanntenkreis oder der Nachbarschaft gegen einen kleinen Obulus gebrauchte Kleidungsstücke oder Gebrauchsgegenstände (z.B. Spielwaren, Fahrrad) ab. *Hier einige Adressen von Kinder-Second-Hand-Läden: Second-Hand und Kindermoden, 76891 Bruchweiler-Bärenbach, Telefon: 06394/52 50; Second-Hand-Kindermoden, Grindelberg 79, 20144 Hamburg, Telefon: 040/4 22 19 81; Second-Hand-Kinderladen Bambinos, Philippsruher Allee 6, 63450 Hanau, Telefon: 06181/2 64 34; Second-Hand-Harlekin für Mutter und Kind, Kaiserstraße 78, 51145 Köln, Telefon: 02203/2 81 70; Second-Hand für Kinder, 95615 Marktredwitz, Telefon: 09231/6 44 33; Second-Hand-Wundertüte, Pirckheimer Straße 109, 90409 Nürnberg, Telefon: 0911/55 90 70; Secondhandstudio (Braut- und Umstandmoden, Kindermoden), Backhausgasse 16, 67551 Worms, Telefon: 06241/3 56 18.*

Kinderwagen

Für Kinderwagen gilt im Prinzip dasselbe wie für → Kinderkleidung: einfach in der Nachbarschaft, in Begegnungszentren oder im Pfarramt nachfragen, ob jemand einen Wagen billiger abzugeben hat. Eventuelle kleinere Macken können selbst oder von einem Bastler aus dem Bekanntenkreis behoben werden. Am billigsten bekommt man Kinderwagen über spezielle Kinder-Second-Hand-Läden (Adressen siehe → Kindersachen).

Kino

Ein nicht gerade billiges Vergnügen, wenn man bedenkt, daß ein Kinobesuch in der Großstadt heute bis zu 25 DM (z.B. Cinecitta in Nürnberg, IMAX in München) kostet. Für passionierte Kinogänger, die kein Geld ausgeben, aber immer die neuesten Streifen sehen wollen, gibt es grundsätzlich die Möglichkeit, im Kino als Platzanweiser zu jobben. Wem das zu umständlich ist, der sollte sich in jedem Fall den Kinobesuch am Wochenende verkneifen und die sogenannten „Kinotage“ (meist Montag und Dienstag) nutzen – dann kosten die Tickets in vielen Kinos nur die Hälfte (am besten vorher anrufen). Übrigens gibt es auch enorme Preisunterschiede bei den einzelnen Filmtheatern. Ein kritischer Vergleich kann lohnen (regionale Telefonrecherche starten) – vor allem dann, wenn man auf Mega-Großleinwand und Super-Stereo-

Dolby-Sound keinen gesteigerten Wert legt. Film bleibt schließlich Film! Süßigkeiten, Popcorn und Getränke können Sie sich selbst mitbringen, um nicht auf die teuren Schleckereien vor Ort angewiesen zu sein.

Klavier *(→ Musikinstrumente)*

Kleidung

Fummel von Armani, Gucci, Boss, Gabor oder Mondi sind Prestigeobjekte, auf die sich gut verzichten läßt. Wer dennoch darauf steht, sollte sie sich in der Second-Hand-Boutique besorgen, z.B. bei: *Second-Hand-Boutique No. 2, Annapassage 8–10, 81679 Augsburg, Telefon: 0821/3 75 70; Second-Hand Noblesse, Steinstraße 35, 40210 Düsseldorf, Telefon: 0211/32 97 22; Second-Hand-Check Out, Blücherstraße 24, 40477 Düsseldorf, Telefon: 0211/4 45 44; Second-Hand-Boutique, Grüneburgweg 7, 60322 Frankfurt, Telefon: 069/5 97 28 87; Second-Hand-Boutique, Siegesstraße 20, 80802 München, Telefon: 089/39 20 23.*
Die aufwendigen Werbekampagnen der Luxusmarken lassen sich nur durch überteuerte Endverbraucherpreise finanzieren. Gerade bei Kleidungsstücken macht der Material- bzw. Herstellungspreis nur ein Bruchteil aus. No-name-Produkte sind selten schlechter, was die Qualität angeht, und sehen meist genausogut aus, ohne von namhaften Designern entworfen worden zu sein. Vielleicht finden Sie auch mangelhafte oder fehlerhafte Ware – in diesem Fall ist mit Sicherheit ein Preisabschlag drin. Der beste Zeitpunkt ist der Schlußverkauf bzw. kurz davor. Dann hat man noch eine relativ große Auswahl. Unter Umständen kann sich auch der Direktkauf ab Fabrik lohnen. *Hier einige Adressen: Dechamps, Eilendorfer Straße 215, 52078 Aachen, Telefon: 0241/51 80 10 (durchschnittlich 40 Prozent); Trigema, Im Stangenwald 20, 83471 Berchtesgaden, Telefon: 08652/6 23 33 (Händlereinkaufspreis plus Mehrwertsteuer); Marco Polo, Kaiserdamm 7, 14057 Berlin, Telefon: 030/3 25 61 60 (halber Preis); Pioneer Jeans, Tonstraße 23, 32257 Bünde, Telefon: 05223/4 80 30 (Restposten und 2. Wahl bis zu 60 Prozent); Diesel Jeans, Thußmannstraße 12, 40477 Düsseldorf, Telefon: 0211/46 51 39 (Restposten und 2. Wahl bis zu 60 Prozent); Jil Sander AG, Berliner Damm 5–11, 25479 Ellerau, Telefon: 040/55 30 26 20 (ca. 60 bis 80 Prozent);*

Camel Outdoor-Mode, Hamburger Allee 49–53, 60484 Frankfurt, Telefon: 069/97 99 20 10 (bis zu 50 Prozent); Rosner, Schölnhammerstraße 25, 85055 Ingolstadt, Telefon: 0841/5 80 64 (bis zu 50 Prozent); Cerrutti, Obergath 60, 47805 Krefeld, Telefon: 02151/ 37 80 00 (ca. 40 Prozent); Mustang Jeans, Würzburger Straße 48, 74653 Künzelsau, Telefon: 07940/9 25 20 (Restposten und 2. Wahl bis zu 60 Prozent); Hugo Boss AG, Kanalstraße 6–8, 72555 Metzingen (bis zu 30 Prozent); Konen, Rosenheimer Straße 145, 81671 München, Telefon: 089/4 13 70 (ca. 50 Prozent); Vanilia, Im Taubental 41, 41468 Neuss, Telefon: 02131/3 40 60 (Restposten und Retouren bis zu 50 Prozent); Esprit, Am Rosenkothen 2, 40880 Ratingen, Telefon: 0211/6 10 60 (ca. 40 Prozent); Ergee, Hindelanger Straße, 87527 Sonthofen, Telefon: 08321/80 10 (bis zu 50 Prozent; Gerry Weber, Horststraße 2, 33803 Steinhagen, Telefon: 05201/18 50 (bis zu 50 Prozent); S. Oliver, Gattinger Straße 18, 97076 Würzburg, Telefon: 09302/30 90 (Restposten und 2. Wahl bis zu 60 Prozent); Adidas, Schießhausstraße 1, 91074 Herzogenaurach, Telefon: 09132/84 20 46 (ca. 30 bis 50 Prozent).
Und hier noch einige Internet-Adressen:
http://www.abwerk.de; http://www.flohmarkt.de;
http://www.bekleidung.de; http://www.myworld.de;
http://www.shopping-online.de; http://www.shoppingservice.com;
http://www.bermas-shop.de
(über 500 DM Bestellwert versandkostenfrei);
http://www.designersdirekt.com (Designerklamotten);
http://www.fashionline.co.at; http://www.nicetomeetyou.de
(Mindestbestellmenge 80 DM).

Kleinanzeigen

Für jemanden, der einen bestimmten Artikel gebraucht kaufen will, ist das regelmäßige Studium privater Kleinanzeigen ein absolutes Muß. Die Zeitschriften heißen *Annoncen-Avis, Das Inserat, Findling, Der heiße Draht, Reviermarkt, Such und Find, Zweite Hand, Kurz und fündig* und so weiter. Eine Gesamtübersicht aller Anzeigenblätter mit Kontakttelefon findet man im Internet auf folgender Page: *htttp://www.fapia.com/germany.htm.*
Grundsätzlich gibt es zwei Möglichkeiten: Entweder stöbert man die Inserate nach interessanten Angeboten durch, oder aber man

inseriert selbst kostenlos. Wer sichergehen will, vom Verkäufer hinsichtlich der Angaben zum Gegenstand (z.B. Alter bzw. Zustand des Geräts) nicht übers Ohr gehauen zu werden, sollte auf einem hieb- und stichfesten Kaufvertrag bestehen. Stellt sich nachträglich heraus, daß der Verkäufer gelogen hat – zum Beispiel ist ein Klavier bereits 20 Jahre und nicht, wie behauptet, erst 10 Jahre alt –, ist das Geschäft nichtig. Der Käufer kann den Gegenstand zurückgeben, sein Geld zurückverlangen und obendrein Schadenersatz wegen Fehlen einer zugesicherten Eigenschaft geltend machen. Ein Sonderfall liegt vor, wenn jemand einen Gegenstand verkauft, obwohl er gar nicht Eigentümer des Gegenstandes ist: Hier kann es passieren, daß man als gutgläubiger Erwerber den Gegenstand an den eigentlichen Eigentümer zurückgeben muß, ohne eine Entschädigung zu erhalten.Um dem vorzubeugen, sollte man sich beim Kauf von privat auf jeden Fall schriftlich bestätigen lassen, daß der Verkäufer nicht nur Besitzer, sondern alleiniger Eigentümer (und somit zur Veräußerung berechtigt) ist.

Natürlich kann man auch im Internet Kleinanzeigen gratis aufgeben (z.B.
http://www.IQAnzeigen.de; http://www.basar-online.de).
Wer einen Job sucht, inseriert bei folgenden Adressen:
htttp://www.arbeitsamt.de; htttp://www.stellenanzeigen.de; htttp://www.stellenmarkt-online.de;
Wer sein gebrauchtes Auto verkaufen will, inseriert unter:
htttp://www.auto.de; htttp://www.aaaa.de;
htttp://www.gebrauchtwagen.de;
htttp://www.sueddeutschte.com/sz/szkfz/shtml;
htttp://www.auto-datenbank.de; htttp://www.carfinder.de;
htttp://www.faircair.de.

Kochen

Mit der richtigen „Kochtaktik“ läßt sich laut der Zeitschrift *Guter Rat* bis zu 40 Prozent Energie sparen. Hier die wichtigsten Punkte. *Erstens:* Möglichst viele Gerichte mit dem Schnellkochtopf zubereiten. *Zweitens:* Darauf achten, daß der Durchmesser der Herdplatte und die Größe des Topfes übereinstimmen – sonst geht Energie verloren. *Drittens:* Den Herd immer nur so kurz wie möglich einschalten und die Speisen mit der Nachhitze garen. *Viertens:* Höchstens einmal täglich warm kochen. Bestimmte Speisen wie Koteletts, Kartoffel- oder Nudelsalat schmecken auch kalt sehr gut. *Spezialtip:* Wer abwechslungsreich und sparsam kochen will, dem sei die ALDI-Kochbuchreihe (je 4,95 DM, ALDI-Verlag) empfohlen – bisher erschienen: ALDI-Dente, ALDI-Dente-Piccoli (für Kinder), ALDI-Dente-Diät (für Diabetiker und Magenkranke), Gourm-ALDI, Gourm-ALDI de Luxe (für Feinschmecker).

Kochtöpfe

Prinzipiell erfüllt sogar das billigste Modell seinen Zweck. Auch ein Versuch auf dem → Wertstoffhof oder dem → Flohmarkt kann sich lohnen. Wichtig ist nur, daß die Töpfe noch funktionsfähig sind und keinen Rost angesetzt haben – ein abgebrochener Griff oder ähnliches spielt indes keine Rolle. Wer Energie sparen will, braucht einen Schnellkochtopf, der nur wenige Minuten auf der heißen Herdplatte stehen muß. *Wichtig:* Der Topf muß möglichst exakt zur Größe der Herdplatte passen, sonst erwärmt der Inhalt nicht richtig (→ Elektroherd). Wer neue Töpfe, vielleicht sogar als Set, erstehen will, sollte auf Sonderangebote bei Eduscho und Tchibo (verschiedene Filialen, http://www.tchibo.de) achten.

Kondome

Sie zieht man natürlich nicht einzeln für 2 DM pro Stück aus dem Automaten in der nächsten Kneipe, sondern kauft sie im Versandhandel in großen Mengen (100, 200, 500 oder 1.000 Stück). Teure Spezialkondome, farbige, parfümierte Überzieher und ähnlicher Schnickschnack sind nur etwas für Spielfetischisten. Wer es trotzdem nicht lassen kann, sollte sich auf öffentlichen Erotik-Messen eindecken (Plakatierung beachten!) oder kann bei der *Internet-Adresse: http://www.condomi.com* alle Farben, Formen und Geschmäcker zum Sonderpreis bestellen.

Kontaktlinsen

Niemand muß Kontaktlinsen heutzutage mehr zwingend beim Optiker kaufen. Die billigste Möglichkeit ist, sie bei einem günstigen Spezialversand zu bestellen (inklusive Reinigungs- und Desinfektionsmittel), beispielsweise bei *Lenscare GmbH, Westring 431–451, 24118 Kiel, Telefon: 0431/88 11 88. Fax: 0431/88 11 66. E-Mail: Service@lenscare.de. Internet-Adresse: http://www.lenscare.de.* Finden Sie selbst heraus, welche Linse aus diesem Sortiment für Sie am günstigsten ist. Die Monatslinse für 25 DM oder 29,90 DM ist oft eine gute Alternative, weil man so Kosten für Reinigungsmittel und viel Zeit und Mühe spart.

Kontoführung *(→ Girokonto)*

Konzerte *(→ Eintrittskarten)*

Körperpflege

Durchschnittlich verbraucht jeder Deutsche 46 Liter Wasser pro Tag für seine Körperpflege (→ Wasserkosten). Das ergibt einen Wochenverbrauch von 322 Litern, darin sind ein Vollbad und zweimal Duschen enthalten. Hier kann man drastisch sparen: Auf das Vollbad (ca. 150 Liter) kann man gut und gerne verzichten, ein dreiminütiges Duschbad (ca. 30 Liter) kann man sich entsprechend häufiger gönnen. Alternative: ein Besuch im Hallenbad (Kostenpunkt: ca. 5 DM). Die kostenlose Abkühlung im Baggersee gibt es leider nur im Sommer.

Kosmetik

Abdeckstifte, Parfüms, Puder, Reinigungswässerchen, Lippenstifte, Make-up, Wimperntusche usw. sind für den Extrem-Sparer entbehrlich – ganz abgesehen davon, daß für alle Produkte mit chemischen Inhaltsstoffen Tierversuche zwingend vorgeschrieben sind und die Düftwässerchen dennoch nicht alle gesundheitlich unbedenklich sind (Allergie- bzw. Vergiftungsgefahr!). Das hat die Zeitschrift *Ökotest* herausgefunden. Wer dennoch auf Kosmetikartikel steht, sollte die teure Parfümerie-Markenware links liegen lassen und statt dessen zu den wesentlich günstigeren Drogerieprodukten greifen. Bei Nagellack liegen die Preisspannen zwischen 4,99 DM und 49 DM (!), einen Lippenstift kann man für 8 oder für 60 DM (!) kaufen. Eine Alternative ist der Duty-Free-Einkauf an der Grenze. Übrigens: Kosmetikerinnen, Maniküre- und Pediküre-Studios (→ Friseur) suchen immer mal wieder willige „Versuchsobjekte", an denen sich die Azubinen nach Lust und Laune austoben können. Doch keine Angst: Der Meister bzw. die Meisterin hat immer einen kritischen Blick auf seine Zöglinge und paßt schon auf, daß dem Kunden bei der Fußpflege nicht aus Versehen die große Zehe amputiert wird. Kurzer Anruf genügt – am besten gleich einen Termin vereinbaren! *Hier kann sich eine Anfrage lohnen: Kertu, Oranienburgstraße 97, 13437 Berlin, Telefon: 030/4 11 10 33; Akademie Junge Michaelis, Christian-Gau-Straße 17, 50933 Köln, Telefon: 0221/4 97 24 47; Rudolf Niesners Trainingszentrum, Luitpoldstraße 3, 80335 München, Telefon: 089/59 61 80; Ecóle Biosthetik, Gülichstraße 3–5, 75179 Pforzheim, Telefon: 07231/45 60; Kertu, Böblinger Straße 25, 70178 Stuttgart, Telefon: 0711/9 60 49 30.*

Krankenkasse

Seit 1996 haben versicherungspflichtige Arbeitnehmer die Möglichkeit, ihre Krankenkasse frei zu wählen – die Summe der dadurch gesparten Beiträge beläuft sich in Deutschland inzwischen schon auf über zweieinhalb Milliarden Mark. Bereits bei einem Bruttogehalt von 3.000 DM bringt der Wechsel in eine um ein Prozent günstigere Kasse dem Arbeitnehmer immerhin rund 85 DM Einsparung im Jahr. *Wichtig:* Kündigungsmöglichkeit besteht immer nur bis zum 31. Dezember eines Jahres. Ein Sonderkündigungsrecht besteht, wenn Ihre Krankenkasse die Beiträge erhöht. Die Kündigung (am besten schriftlich!) muß der Krankenkasse jedoch bis zum 30. September zugegangen sein. Der Wechsel der Krankenkasse ist auch bei einer laufenden Behandlung ohne weiteres möglich. Ab 1. Januar rechnet der Arzt einfach mit der neu gewählten Krankenversicherung ab. Und noch ein zweites: Das Bundesverfassungsgericht hat mit Urteil vom 11. Januar 1995 (AZ: 1 BVR 892/88) entschieden, daß die Sozialversicherungsbeitragspflicht für Urlaubs- und Weihnachtsgeld verfassungswidrig ist. Auch nach dem neuen Gesetz zur sozialrechtlichen Behandlung von einmalig gezahltem Arbeitsentgelt vom 12. Dezember 1996 hat jeder Arbeitnehmer, dem für sein 13. oder 14. Gehalt Krankenkassenbeiträge abgezogen wurden, rückwirkend Anspruch darauf, daß ihm diese Beiträge erstattet werden. Die Krankenkassen zahlen die Beiträge allerdings nur auf Antrag zurück.

Ein formloses Schreiben an die Krankenkasse (unter Hinweis auf das obengenannte Aktenzeichen) genügt – und schon hat man einige hundert Mark mehr auf dem Konto. *Vorschlag für einen Musterbrief: „Sehr geehrte Damen und Herren, wie Ihnen bekannt ist, hat das Bundesverfassungsgericht mit Urteil vom 11. Januar 1995 (AZ: 1 BVR 892/88) entschieden, daß die Sozialversicherungsbeitragspflicht für Urlaubs- und Weihnachtsgeld verfassungswidrig ist. Ich fordere Sie daher auf, mir meine zuviel gezahlten Beiträge für den Zeitraum von 1995 bis zum heutigen Zeitpunkt spätestens bis zum (... Frist etwa 3 Wochen!) auf folgendes Konto gutzuschreiben: (... Konto angeben!). Sollte Sie meiner Forderung nicht abhelfen, bitte ich um einen rechtsmittelfähigen Bescheid. Mit freundlichen Grüßen ...“*

Eine aktuelle Übersicht zu Krankenkassentarifen erhält man per Faxabruf unter 0190/94 95 99 80 2 (2,42 DM pro Minute) oder gegen Einsendung eines mit drei Mark frankierten DIN A 4-Rückumschlages an „Aspekt-Online, Senefelder Straße 23, 86368 Gersthofen“. Die Beitragssätze ändern sich ständig – hier die 19 günstigsten bundesweiten Anbieter, die für jeden (Pflichtversicherte und Selbständige) geöffnet sind (die Beitragssätze in Klammern beziehen sich auf Rentner und Arbeitnehmer mit Anspruch auf Krankengeld ab der 7. Woche): *BKK Zollern-Alb (11,9 % Alte Bundesländer bzw. 11,4 % Neue Bundesländer), Telefon: 01803/22 15 67; BKK für Heilberufe (11,9 %), Telefon: 0211/5 37 28 00; BKK Flender (11,9 % bzw. 12,1 %), Telefon: 0281/92 22 50; Mitteldeutsche BKK (11,9 % bzw. 13,8 %), Telefon: 01802/35 83 58; BKK Dräger (12 %) Telefon: 0130/85 50 80; BIG Gesundheit (12,1 %), Telefon: 0130/18 47 40; Securvita BKK (12,1 %), Telefon: 0800/6 00 30 00; BKK Philips Medizin Systeme (12,2 %), Telefon: 0130/11 27 33; Kaiser's Betriebskrankenkasse (12,3 %), Telefon: 0130/18 19 17; BKK direkt (12,4 %), Telefon: 0800/1 01 04 24; BKK Passavant Aar-Taunus (12,4 %), Telefon: 06120/28 24 51; BKK IHV Die Naturheilkasse (12,5 %), Telefon: 0130/82 51 14; BKK Rheinland (12,5 %),Telefon: 0180/2 23 75 31; WMF BKK (12,5 %), Telefon: 07331/25 71 12; Bosch BKK (12,6 %), Telefon: 0130/86 51 98; BKK media (12,6 % bzw. 12,2 %), Telefon: 08102/22 31 36; BKK 2000 (12,7 %), Telefon: 0180/2 67 27 10; BKK Krupp (12,8 %), Telefon: 0202/74 98 10; BKK SPAR (12,9 %), Telefon: 0180/2 55 77 27.*

Kreditkarte

Seit Anfang 1998 ist das bargeldlose Zahlen und Geldabheben mit der Kreditkarte weltweit möglich. Mehr als fünf Millionen Deutsche verfügen inzwischen über dieses Pastikgeld – vor allem von den großen Kreditkartenorganisationen Eurocard, Diners Club, American Express und Visa. Kreditkarten haben jedoch mehrere Nachteile: *Erstens* verführen sie dazu, werbewirksam gestylte Gegenstände quasi en passant mitzunehmen, die zwar ins Auge springen, aber nicht wirklich gebraucht werden. *Zweitens* verliert man mit Kreditkarten schnell den Überblick, wieviel Geld man tatsächlich noch auf dem Girokonto hat. *Drittens* kassieren die meisten Banken eine jährliche Benutzungsgebühr, die bis zu 100 DM betragen kann. *Viertens* kann es richtig Ärger geben, wenn das gute Stück einmal verlorengeht. Und *fünftens* sind Mißbrauch und Buchungsfehler nie ganz auszuschießen.

Stichwort Datenmißbrauch: Aufgrund der Zahlung mit Kreditkarten können Unternehmen genau feststellen, wo man was eingekauft hat. Marketing-Experten werten daraufhin das Kaufverhalten per moderner EDV aus und leiten die Angaben – Datenschutzgesetz hin oder her – gegen Bezahlung an andere Firmen weiter. Der Karteninhaber wird danach am laufenden Band mit Werbemaßnahmen belästigt. Eine weitere fragwürdige Maßnahme mancher Banken: Sie melden Kartenbesitzer „vorsorglich“ mit einem Kredit bei der Schufa (Schutzgemeinschaft für allgemeine Kreditsicherung), obwohl weder ein solcher in Anspruch genommen worden ist noch Rechnungen offenstanden. Schuldenberater Rainer Metz von der Verbraucherzentrale Nordrhein-Westfalen: „Es gibt immer mehr Kreditkarten-Junkies – also regelrecht Süchtige, die durch den Gebrauch ihrer Plastikkarte völlig überschuldet sind. Junge Leute, also die bevorzugte Zielgruppe der Werbemaßnahmen, die mit 18 Jahren volljährig sind, sind häufig mit 20 bereits pleite.“

Und wer's nicht lassen kann: Die billigsten Karten sind derzeit Visa und Eurocard, die bei mehreren Banken kostenlos im Girokonto-Paket erhalten sind, z.B. bei der Augsburger Aktienbank, der Allgemeinen Deutschen Direktbank in Frankfurt, der BfG-Bank, der Norisbank und der Santander Direktbank – bei allen diesen Banken ist eine telefonische Abwicklung bzw. Online-Banking möglich. Bei den Sparkassen kostet die Eurocard eine jährliche Gebühr von 40 DM; wer einen bestimmten Mindestumsatz macht (derzeit 100.000 DM), zahlt auf Antrag gar nichts. Die anderen Anbieter verlangen zwischen 50 und 145 DM, allerdings sind diverse Rabatte möglich, z.B. bei Mindestumsätzen – einfach nachfragen! Hände weg von der „Barclays Card" (145 DM) und von „Diners Club" (ab 80 DM) – sie kommen unter dem Strich am teuersten. Bei den teureren Karten sind häufig Zusatzleistungen inklusive, z.B. individueller Versicherungsschutz im Ausland oder besondere Rabatte bei großen Autoverleihern (Sixt-Budget, Avis, Europcar). Doch wer braucht das schon?

Küchenmaschinen

Sämtliche Küchenmaschinen von der Brotschneidemaschine über das Handrührgerät bis zum Entsafter sind teure Staubfänger, die außerdem die Stromkosten in die Höhe treiben. Wer seinen Orangensaft mit der Hand auspreßt, stärkt außerdem die Finger- und Handmuskulatur. Wer trotzdem Küchenmaschinen braucht, sollte als erstes Anzeigenblättchen studieren. Fabrikkauf lohnt sich in der Regel nicht.
Hier einige empfehlenswerte Internet-Adressen:
http://www.abwerk.de; flohmarkt.de; http://www.netmarkt.de; http://www.promarkt.de.

Küchenmöbel

Individuell zusammengestellte Küchen aus dem Fachmarkt sprengen häufig das Budget. Grundsätzlich gilt: Sonderwünsche kosten Geld. Deshalb lohnt es sich, nach Küchenzeilen-Sonderangeboten (Auslaufmodelle) Ausschau zu halten, die es inklusive Mischbatterie und Wandabschlußleiste neu schon für weniger als 1.800 DM gibt *(z.B. Möbelhaus Segmüller, Augsburger Straße, Parsberg bei München oder Friedberg bei Augsburg, Auslieferung bis 50 Kilometer kostenlos, darüber hinaus Berechnung einer Kilometerpauschale).* Küchenmöbel gehören zu den Gegenständen, die man sehr gut gebraucht kaufen kann, da ihre Lebensdauer mehrere Jahrzehnte beträgt (siehe auch die Artikel → Kühlschrank, → Elektroherd). *Die günstigste Adresse für Fabrikverkauf: Alno-Küchen AG, Äußerer Mühlweg 19–22, 88630 Pfullen-*

dorf, Telefon: 07552/210 (Musterküchen und 2. Wahl bis zu 50 Prozent, Auslaufmodelle bis zu 60 Prozent) – allerdings nur für Selbstabholer interessant. Ansonsten kommen recht hohe Transportkosten dazu, so daß sich der Kauf nicht lohnt. Weitere Möglichkeit: bei → Haushaltsauflösungen zuschlagen! Wie man davon erfährt? Entweder Kleinanzeigen beachten oder aber freundlich bei Hinterbliebenen von kürzlich Verstorbenen (Pfarrblatt, Gemeindeanzeiger) nachfragen!

Küchenrolle *(→ Toilettenpapier, → Taschentücher)*

Kühlschrank

Kühlschränke gehören neben → Waschmaschinen, → Bügeleisen und → Elektroherden zu den stärksten „Stromfressern" im Haushalt. Schon bei läppischen zwei Grad Temperaturunterschied (zum Beispiel fünf statt sieben Grad) braucht der Kühlschrank sofort 15 Prozent mehr Energie. Die ökonomischste Temperatur im Kühlfach liegt bei sieben Grad, im Gefrierteil bei minus 18 Grad. Um Kosten zu sparen, läßt man warme Speisen zuerst an der Luft abkühlen, bevor man sie ins Kühlgerät stellt. Weiterhin wichtig: *Erstens:* Kühlschrank und Kühlfach nie ganz vollpacken – dann nämlich muß das Gerät stärker arbeiten und entwickelt sich zum „Stromfresser". *Zweitens:* Häufiges und langes Öffnen der Türen vermeiden. *Drittens:* Das Gerät abschalten, wenn man in → Urlaub fährt oder für einige Tage fort ist. *Viertens:* Kühlschränke sollten selbst in einem kühlen Raum stehen. *Fünftens:* Speisen aus dem Gefrierfach stets im Kühlschrank auftauen – das senkt die Temperatur im Kühlschrank! Wer diese Tips beherzigt, spart pro Jahr gut und gerne zwischen 50 und 70 DM Stromkosten (Quelle: Verbraucherzentrale Nordrhein-Westfalen). Wer überhaupt keinen Kühlschrank besitzt, spart – von den Anschaffungskosten ganz abgesehen – 200 DM Strom pro Jahr. Wer dennoch einen Kühlschrank braucht, sollte auf No-name-Produkte oder Lackfehler-Geräte zurückgreifen. Denn in den Geräten sind durchwegs Bauteile der gleichen europäischen Herstellern mit einer Lebensdauer von 15 bis 20 Jahren. Die beste Bezugsquelle sind aber zweifellos Gebrauchtgeräte aus den zahlreichen Privat-Angeboten im Kleinanzeigenteil diverser Zeitungen – hier bekommt man ein voll funktionstüchtiges Gerät mit etwas Glück schon ab 50 DM, im Idealfall sogar geschenkt (gegen Abholung!). *Hier einige preiswerte Firmen: Badima (350 DM), Telefon: 0671/ 8 40 41 10; Beko (350 DM), Telefon: 06102/7 18 20 oder 0180/ 5 22 58 99; Klatronic (300 DM), Telefon: 02152/2 00 60; Indesit (300 DM), Telefon: 069/6 05 00 50. Kühlschränke ab Werk offeriert auch der Markenhersteller AEG (30 Prozent Rabatt). Für eine Versandpauschale von 50 DM kommt das Gerät auch direkt nach Hause – allerdings sind die No-name-Geräte trotzdem häufig günstiger. Telefon: 07031/6 66 80. Internet-Adressen: http://www.abwerk.de; flohmarkt.de; http://www.netmarkt.de; http://www.promarkt.de.*

Kuverts *(→ Briefumschläge)*

L

Lastschriftverfahren *(→ Einzugsermächtigung)*

Laptop *(→ Computer)*

Last Minute

Was vor zehn Jahren als verbilligte Restplatzverhökerung begann, ist heute eine der zukunftsträchtigsten Sparten in der Tourismusbranche. Doch aufgepaßt: Längst nicht alles, was als Last-Minute-Reise verkauft wird, ist auch tatsächlich Last Minute. Unter diesem Label werden die Überkapazitäten der Reiseveranstalter frühestens 14 Tage von dem Reisetermin zu einem um ca. 5 bis 50 Prozent reduzierten Preis angeboten – so jedenfalls die juristische Definition von Last Minute. Die Reduzierung des Preises kommt einzig und allein aufgrund der Kurzfristigkeit zustande und darf den Qualitäts- und Sicherheitsstandard der Reise nicht beeinträchtigen. Eine Besonderheit sind Fortuna-, Joker- oder Glücksreisen. Hierbei handelt es sich um preisreduzierte Angebote, bei denen der Reisende erst wenige Stunden vor Abflug einem Urlaubsort und einem Hotel zugeteilt wird. In jedem Fall muß aber die Unterkunft der gebuchten Kategorie entsprechen. Sparpotential hierbei: um die 30 Prozent. Inzwischen haben sich einige Anbieter auf Last-Minute-Angebote spezialisiert, so beispielsweise L'tur, Discount Travel oder buy.bye (Telefonnummern siehe unten). Diese kaufen kurzfristig Pauschalreisen von Normalanbietern auf und verkaufen sie teilweise zu Dumpingpreisen an Schnellentschlossene. *Wichtig:* Wer Last Minute bucht, ist kein Passagier zweiter Klasse. Man hat die gleichen Rechte wie Reisende, die langfristig gebucht haben.
Unbedingt folgende Tips beachten: *Erstens:* Frühestens 14 Tage von dem Abflug buchen – vorher gibt kein Hotel und keine Airline die besten Preise raus. Diese 14-Tage-Frist wurde auch mehrfach von deutschen Gerichten bestätigt (z.B. OLG München/AZ:

29114466/97). *Zweitens:* Mit dem Katalogpreis vergleichen! Last-Minute-Reisen müssen immer billiger sein als im Katalog. Die Höhe der Ersparnis ist nicht gerichtlich definiert, üblich sind allerdings 5 bis 50 Prozent. Achtung: Manchmal werden noch Sicherheitsgebühren am Flughafen oder Transferkosten am Urlaubsort draufgeschlagen. *Drittens:* Auf preiswertere Abflughäfen ausweichen! Nicht immer ist der nächste Flughafen auch der billigste (Schulferien beachten). *Viertens:* Die meisten Preisabschläge gibt es erfahrungsgemäß in den Monaten November bis Februar (ausgenommen die Zeit vom 24. Dezember bis 6. Januar). *Fünftens:* Unter der Woche abfliegen: Wer zwischen Montag und Donnerstag abhebt, spart auch noch am Flugpreis, da die meisten Reisen am Wochenende beginnen und enden. *Sechstens:* Nicht auf die Werbesprache oder Euphemismen hereinfallen. So heißt beispielsweise „zentral gelegen“ extrem laut, „internationale Atmosphäre“ steht für englische Hooligans und „aufstrebender Ferienort“ heißt, daß ringsherum gebaut wird. *Siebtens:* Vorab über Last-Minute-Preise informieren. Dank Telefon oder Fax-Polling (Fax-Abruf) können Sie sich bequem von zu Hause aus über aktuelle Angebote und Preise verschiedener Veranstalter informieren. *Achtens:* Einreisebestimmungen beachten! Prüfen Sie die Gültigkeit Ihres Personalausweises bzw. Reisepasses und checken Sie Ihren Impfschutz rechtzeitig – sonst nützt Ihnen die beste Last-Minute-Reise nichts.

Und hier einige Hotlines auf der Suche nach echten Reiseschnäppchen: Sonnenmann (Telefon: 01802/34 36 49): flotte Angebote für die beliebtesten Reiseziele in drei Minuten (Kosten 0,36 DM); Buy-Bye (Telefon: 01805/85 88 58): preiswerte Wunschangebote en masse; eine Klassenummer für Schnäppchenjäger; ER (Telefon: 01902/5 24 23): Urlaubsangebote am laufenden Meter. Durchschnittsquote: Nach drei Minuten (Kosten 3,63 DM) sieben bis zehn günstige Angebote mit Telefonnummer zum Buchen; LTU/THR (Telefon: 01902/1 17 67): Nach fünf Minuten ist man schlauer, aber auch um gut 6 DM ärmer; trotzdem ein Versuch wert; L' tur (Telefon: 01905/7 57 57 oder das regionale L' tur-Büro am jeweiligen Flughafen): persönliche, freundliche Beratung des größten europäischen Last-Minute-Anbieters; drei preisgünstige Angebote in drei Minuten (Kosten 3,63 DM). Telefongebühren werden bei Buchung erstattet. Internet: http://www.ltur.de (stündlich ak-

tualisierte Auswahl mit über 60 Zielen verschiedener Airlines); Last-Minute-Tours (Telefon: 089/55 30 84 oder 59 61 07): Bandansage mit täglich aktualisierten Schnäppchen – für Münchner zum Ortstarif; Mitflugzentrale Jahnke Reisen GmbH, Kreutzerstraße 78, 60323 Frankfurt, Telefon: 069/59 01 59; Mitflugzentrale Fairlines, Schäferkamp 32, Hamburg, Telefon: 040/44 14 56.
Flüge zum Schnäppchenpreis gibt es auch im Internet. Hier einige Beispiele: Miami für 538 DM, San Francisco für 677 DM, Rio de Janeiro für 999 DM, die Seychellen für 749 DM, alles inklusive Steuern und Sicherheitsgebühren.
(Quelle: http://www.skyways.de)
Weitere empfehlenswerte Internet-Adressen:
htttp://www.graumarkt.de; htttp://www.hrs.de;
htttp://www.ltu.de; htttp://www.ltur.de;
htttp://www.hapag-llyod.com; http://www.skyways.de.

Lebensmittel

Shrimps und Kaviar stehen natürlich nicht auf der Einkaufsliste des preisbewußten Verbrauchers, auch Fleisch, Wurst, Kartoffelchips und Schokolade müssen nicht unbedingt sein. Am verträglichsten und zugleich am billigsten sind Obst, Gemüse und Getreide aus der Region. Kartoffeln, Eier, Butter und Honig kauft man idealerweise direkt am Bauernhof (ein großer Sack Kartoffeln kostet hier selten mehr als 3 bis 4 DM). Äpfel und Pflaumen können Sie bei guter Ernte und mit ein paar freundlichen Worten am Bauernhof umsonst pflücken. Obendrein geben die Bauern gerne Geschmacksproben von anderen Produkten mit. Auch wenn Sie in der Stadt wohnen, ist die Fahrt zum nächsten Landwirt in jedem Fall billiger, als z.B. die Kartoffeln im Supermarkt zu kaufen. Wer dennoch lieber im Supermarkt einkauft, sollte zum Discounter („Feinkost Aldi“, Penny, Lidl, Norma) gehen und ausschließlich zu Saisonware greifen. *Beispiel: Erdbeeren kosten im Dezember das Doppelte wie im Juli, für importierten Spargel zahlt man im November teilweise gar das Fünffache. Apropos Erdbeeren: Auf der Selbstpflückplantage bezahlt man nur die Menge, die man am Schluß wiegen läßt. Ansonsten kann man sich nach Herzenslust sattessen. Einheimische Fische bekommt man zu Spottpreisen direkt bei der Forellenzucht – oder man greift*

selbst zur Angel (Angelschein!). Auch Lebensmittel kann man übrigens zu deutlichen Preisabschlägen direkt ab Werk kaufen (Bruchware besonders günstig!). *Hier einige Adressen für Fabrikverkauf: Hengstenberg, Pappelallee 8-16, 34560 Fritzlar, Telefon: 05622/80 40 (bis zu 60 Prozent); Erasco GmbH, Genener Straße 98–100, 23560 Lübeck, Telefon: 0451/5 30 60 (ca. 30 Prozent); Eismann Tiefkühlshop, Seibelstraße 36, 40822 Mettmann, Telefon: 0204/21 90 (bis zu 70 Prozent); Coppenrath & Wiese, Heerstraße 9, 49492 Westerkappel, Telefon: 05404/88 40 (bis zu 50 Prozent).*
Heißer Tip: kostenlose → Gratisproben und → Remittenden (für Adressen siehe die entsprechenden Artikel).
Weiterhin wichtig: Achten Sie auf das Verfallsdatum bei Lebensmitteln! Steht es kurz bevor, lassen sich beträchtliche Rabatte erzielen, denn kein Händler wirft seine Ware gerne weg. Ansonsten zu empfehlen: sich ein- bis zweimal im Monat mit Vorräten aus dem Großmarkt eindecken (z. B. große Nudelpackungen).
Spezialtip: Ab mittags wird auf vielen Wochenmärkten alles zu Sonderpreisen verkauft (teilweise für die Hälfte oder noch weniger). Das gleiche gilt für manche Bäckereien ab 16 bzw. 17 Uhr. Das → Brot vom Vortag gibt es sowieso meist mit einem 50 %-Abschlag. Bei Lebensmitteln mit überschrittenem Ablaufdatum besteht fast immer ein Spielraum fürs → Feilschen.

Lebensmitteltester

Ein idealer Nebenjob für Studenten und Rentner, der satt macht und sparen hilft, weil man sich nichts zu essen kaufen muß. Man bewirbt sich entweder blind bei verschiedenen Marktforschungsinstituten (z. B. *Infratest Burke GmbH, Moosdorfstraße 7, 12435 Berlin, Telefon: 030/27 22 20; Emnid, Stieghorster Straße 86, 33605 Bielefeld, Telefon: 0521/9 25 72 01; usw.)* oder Lebensmittelfirmen in der Marketing- oder Personalabteilung als objektiver Lebensmitteltester (z. B. bei *Nestlé Deutschland AG, Lyoner Straße 23, 60528 Frankfurt, Telefon: 069/6 67 11)* oder meldet sich auf eine entsprechende Kleinanzeige hin. Zwar munden manche der zu testenden Produkte oftmals etwas mau, aber das Gros ist durchaus schmackhaft – schließlich soll das Zeug demnächst in den Handel und Gewinn abwerfen. Diese „Arbeit“ wird übrigens sogar mit klingender Münze bezahlt – es gibt um die 15 bis 18

DM je Stunde. Darin eingeschlossen: eine Testmahlzeit und ein Gespräch mit dem Marketingassistenten. Nachteil: viele Bewerber, lange (unbezahlte!) Wartezeiten – ein seriöser Eindruck ist das A und O. Leider klappt es nicht immer auf Anhieb.

Lokale

Der preisbewußte Verbraucher meidet Lokale, wo er kann. Allenfalls die Frittenbude kommt für ihn in Frage. Wenn es sich gar nicht vermeiden läßt, in ein Lokal zu gehen, z.B. auf Reisen, verzichtet man auf die Einkehr in Autobahnrestaurants und Nobelschuppen (dort sind die Portionen in der Regel sowieso für Minimalisten gemacht), sondern bevorzugt einfache Cafés, Bistros, Snackbars und Landgasthöfe mit solider Hausmannskost. Hier sind die Mahlzeiten vergleichsweise reichhaltig und bezahlbar. Schon 10 Kilometer außerhalb der Stadtgrenzen purzeln die Preise teilweise um 30 bis 40 Prozent. *Beispiel: Im Hotel zur Post in München-Pasing (nahe der westlichen Stadtgrenze) kostet ein Wiener Schnitzel vom Kalb mit Pommes frites und Salat 22 DM, 15 Kilometer weiter draußen in Biburg (Landkreis Fürstenfeldbruck) kostet dasselbe Menü beim Oberen Wirt (in etwa gleicher Standard!) nur 13,90 DM.*

Wenn der Hunger nicht so groß ist, immer nach halben oder kleineren Portionen fragen (Seniorenteller bzw. Kinderteller). Typische Ausflugs- und Touristenlokale mit Nepp-Preisen sind unbedingt zu meiden. Wer ein Freund ausländischer Küche ist, fährt beim Italiener – was Qualität und Quantität anbelangt – am besten. *Wichtig:* Manche Selbstbedienungs-Restaurants in Kaufhäusern bieten eine Stunde vor Geschäftsschluß eine sogenannte Happy hour (zu deutsch: „Glücksstunde") an: Ein Menü – bestehend aus Tagessuppe, 2 Kartoffelklößen mit Soße und Pommes frites – kostet dann nur noch 6 DM *(z.B. Kaufhaus Hörhammer, Pfarrstraße 1, 85221 Dachau, Telefon: 08131/8 32 46; werktags ab 16 Uhr).* Die preiswertesten Selbstbedienungs-Restaurants mit Happy hour findet man übrigens in Großmarktketten (EKZ, Grosso, Industrieparks usw.).

M

Medikamente

Wer Präparate braucht, die die Kassen nicht bezahlen, erkundigt sich in der Apotheke am besten nach sogenannten Generika (vom englischen Begriff „generics“ = gattungsgleich) und Import-Medikamenten. Generika sind Arzneien, bei denen der Patent- oder Namensschutz des Originalherstellers abgelaufen ist – das geschieht nach zehn bis vierzehn Jahren. Jedes Pharmaunternehmen kann danach Präparate in gleicher oder ähnlicher Zusammensetzung unter anderem Namen auf den Markt bringen. Das vielleicht bekannteste Beispiel ist das Schmerzmittel Aspirin, dessen Wirkstoff Acetylsalicylsäure in zahlreichen Produkten mit anderen Namen preiswerter erhältlich ist. Generika sind genauso gut wie das Original, da auch sie den staatlichen Sicherheitsauflagen und Kontrollen unterliegen.

Wirkstoff Darreichungsform	Original-präparat	Preis (DM)	preiswerteres Alternativpräparat	Preis (DM)	Anwendungs-gebiete
Acetylsalicylsäure 500 mg 20 Stück	Aspirin	6,85	ASS OPT.	3,20	Schmerzen, Fieber
Paracetamol 500 mg 20 Stück	Ben-u-ron	3,27	Dorocoff	2,40	Schmerzen, Fieber
Ambroxol 30 mg 20 Stück	Mucosolvan	8,87	Ambroxol AL	5,50	Bronchitis
Xylometazolin 0,1% 10 ml	Otriven	5,22	Nasentropfen AL	3,83	Schnupfen
Magnesium 121,5 mg 50 Stück	Magnesin	26,99	Magium	14,35	Magnesium-mangel, Wadenkrämpfe
Calcium 500 mg 20 Stück	Calcium Sandoz	12,59	Calcimagon	9,95	Allergien
Antihistaminika 1 mg 20 Stück	Fenistil	12,47	Fenistil GPP	9,50	Allergien
Heparin 30.000 I.E. 100g	Hepathrombin	11,63	Hepa Lichtenstein	7,60	Sport-verletzungen, Krampfadern

Gleiches gilt für Importarzneien (→ Re-Importe). Sie wurden entweder hierzulande für internationale Pharmamärkte produziert, exportiert und wieder eingeführt, oder sie stammen von Tochtergesellschaften deutscher oder ausländischer Unternehmen. Besonders → Antibabypillen werden von mehreren Importeuren zu unterschiedlichen Preisen angeboten. Der Bundesverband der Arzneimittelimporteure, Althofstraße 46, 45468 Mülheim, verschickt kostenlos Listen von Medikamenten, die es als Re-Importe gibt. Außerdem nennt er Vertriebsquellen. Wer genau weiß, welche Medikamente er benötigt, aber in nächster Zeit nicht ins Ausland kommt, kann sich auch an einen Versandimporteur wenden, z.B. die Hamburger Firma EMS (Express Medical Service). Präparateliste und Bestellscheine unter Telefon: 040/2 90 64 12.
Daß ein nach Italien oder Griechenland exportiertes und anschließend nach Deutschland re-importiertes Arzneimittel trotz der Umwege fast immer preiswerter ist als das deutsche Original, liegt vor allem an den deutlich niedrigeren Arzneimittelpreisen im Ausland. Das Zentrallabor der Deutschen Apotheker veröffentlichte im März 1999 eine Untersuchung, nachdem es 17 von Importfirmen eingeführte Versionen der → Antibabypille *Marvelon* (Preise siehe Seite 15) mit dem deutschen Original verglichen hatte: „Keine der Proben ergab Anlaß zu Beanstandungen."
Sparen kann man auch hervorragend mit der sogenannten „Kieler Liste": Bei über 50.000 Präparaten auf dem Arzneimittelmarkt fällt es selbst Ärzten schwer, den Durchblick zu behalten – und erst recht natürlich dem Verbraucher. Mehr als 30.000 Medikamente haben nach dem Arzneimittelgesetz nicht einmal ihre Wirksamkeit nachgewiesen. Die „Kieler Liste" enthält Medikamente mit rund 400 Wirkstoffen zu gängigen Krankheitsbildern (Schmerzen, Schlafstörungen, Allergien, Magenerkrankungen, Blutdruckmittel), die in der Praxis des Allgemeinmediziners notwendig und meist ausreichend sind. Jeder Patient kann sich selbst informieren, welches für ihn das preisgünstigste Mittel ist. Bei rezeptfreien kann er so eine billige Wahl treffen – und sogar den Arzt auf eine Alternative hinweisen, die sparen hilft. *Die Liste (mit CD-ROM) gibt es für 24 DM (per Verrechnungsscheck) beim Versandservice der Verbraucherzentrale Hamburg, Kirchenallee 22, 20099 Hamburg, Telefon 040/24 83 22 30.*

Miete

Grundsätzlich gilt, daß die Miete dem Wohnwert angemessen sein muß. Deshalb darf der Vermieter nach bestimmten Zeiten und nach Verbesserungen der Wohnung mehr Geld verlangen. Allerdings darf eine Mieterhöhung nicht so ruckartig geschehen, daß der Mieter keine Chance hat, sich darauf einzurichten. Wer als Mieter mit einem „Mieterhöhungsverlangen" konfrontiert wird, hat mindestens zwei Monate Zeit, um zuzustimmen, abzulehnen oder aber auszuziehen. Eine Mieterhöhung ist generell nur möglich, wenn die Miete ein Jahr lang gleich geblieben ist und wenn die neue Miete nicht teurer ist als das, was für vergleichbare Wohnungen gezahlt werden muß (Vergleichsmiete). Weil es sehr schwierig ist, einen Mieter, der seine Miete pünktlich bezahlt, auf die Straße zu setzen, wählen viele Vermieter einen anderen Weg: Sie befristen das Mietverhältnis auf einen Zeitraum von maximal fünf Jahren. Es genügt jedoch nicht, einen Auszugstermin anzugeben oder den Vertragsablauf einzutragen, sondern es sind „qualifizierte Befristungen" vorzunehmen, wobei festgeschrieben sein muß, warum eine Befristung erfolgt (zum Beispiel Umbau der Wohnung, Eigenbedarf). Fehlt dies, ist die Befristung unwirksam. Zum Problem wird ein befristeter Mietvertrag jedoch dann, wenn man als Mieter vorher kündigen will. Der Vermieter kann auf Vertragserfüllung pochen und verlangen, daß ihm aus der Kündigung keine finanziellen Nachteile entstehen. Im Klartext: Der Mieter muß für den Rest der Laufzeit für die leere Wohnung zahlen oder aber einen Nachmieter finden, den der Vermieter akzeptiert. Besser, man läßt sich als Mieter auf kein befristetes Mietverhältnis ein. *Spezialtip:* aufs Land ausweichen! Hier sind die Eigentümer heilfroh, wenn sie ihre Wohnung überhaupt vermieten können. Sie sind hinsichtlich Befristung bzw. Mietzins fast immer verhandlungs- bzw. kompromißbereit. Siehe auch → Wohnen.

Mietminderung

Grundsätzlich muß der Mieter den Vermieter darauf hinweisen, daß es einen Mangel in der Wohnung gibt, und ihn auffordern, den Mangel zu beseitigen. Kommt der Vermieter seiner Schadenbeseitigungspflicht trotz schriftlicher Aufforderung nicht nach, kann der Mieter den Schaden beheben lassen. Die ihm entstandenen Aufwendungen kann er von der Miete abziehen und somit die zu zahlende Miete mindern. Er kann den Vermieter aber auch durch Einbehalten von Miete zwingen, die Wohnung wieder instandzusetzen. Achtung: Ungerechtfertigte Mietminderung kann schlimmstenfalls zur fristlosen Kündigung der Wohnung führen! Die Kernfrage bei Minderungen ist daher immer, wie hoch der Betrag ist, um den man die monatlichen Zahlungen mindern darf – die Antwort gibt immer der jeweilige Einzelfall. Allerdings kann man sich an folgenden Werten orientieren, die auf aktuellen Gerichtsentscheidungen basieren:

Mängel in Bad, WC und Küche	**Kürzung um ...**
Abwasser-Austritt aus dem WC	20 %
Abwasserstau führt zu Fäkalienaustritt im WC (Geruch!)	38 %
Backofen ist unbenutzbar	3 %
Badewanne oder Dusche sind unbenutzbar	24 %
Badewanne ist unbenutzbar	20 %
Badewanne ist unzumutbar aufgerauht	3 %
Bleibelastung im Trinkwasser (126 mg/L-176 mg/L)	10 %
Fäkalien in WC und Badewanne wegen Installationsdefekt	38 %
Heizungsausfall in der Küche	20 %
Herd defekt	5 %
Nitratgehalt im Trinkwasser übersteigt Normwerte	10 %
Toilette (einzige!) ist nicht nutzbar	80 %
Toilette, Entlüftung defekt	5 %
Toilette (es gibt noch eine andere!) ist nicht nutzbar	7 %
Unbenutzbarkeit von Küche und Toilette	50 %
Warmwasserversorgung defekt	10 %
Wasser, Leitungswasser rostig	10 %
Wasser, Warmwasserversorgung defekt	10 %
Wasseraustritt durch undichte Röhre	10 %

Mängel in anderen Bereichen der Wohnung	**Kürzung um ...**
Balkon ist wegen Reparaturbedürftigkeit nicht nutzbar	10 %
Bodenbelag birgt Stolpergefahr	5 %
Bodenkälte bei fehlender Isolierung	30 %
Elektrik fällt vollständig aus	100 %
Fenster (Doppelfenster) werden blind	10 %
Fenster nicht verschließbar	10 %
Fenster undicht (Sommer)	5 %
Fenster undicht (Wassereintritt)	5 %
Fenster undicht (Winter)	10 %
Fenster undicht bei Schlagregen	5 %
Fenster unklar und undicht	6 %
Fenster verrottet und nicht schließbar	10 %
Fenster, alle undicht, ständige Feuchtigkeit	50 %
Fenster, durch alle Fenster dringt Feuchtigkeit	20 %
Fensterläden wurden entfernt	10 %
Fernsehempfang, erhebliche Störung	10 %
Feuchtigkeit durch defekten Balkonanschluß	10 %
Feuchtigkeit und Risse in Neubauwohnung	10 %
Feuchtigkeit und Schimmel an Fensterfront und Decke	25 %
Feuchtigkeit, die Nutzbarkeit aller Räume ist eingeschränkt	20 %
Feuchtigkeitsfleck (groß!), sich ablösender Anstrich	10 %
Formaldehyd überhöhte Konzentration	56 %
Geräusche, starke Klopfgeräusche in der Heizung	17 %
Heizleistung schlecht	10 %
Heizung, Unterbeheizung auf 16 °C	17 %
Heizungsausfall im Schlafzimmer im Februar	20 %
Heizungsausfall, 20 Tage im Oktober bei 2 °C	25 %
Heizungsausfall, Totalausfall September bis Februar	100 %
Kakerlaken in der Wohnung	10 %
Kamin (offen!) kann nicht genutzt werden	5 %

Mängel in anderen Bereichen der Wohnung	**Kürzung um ...**
Mäuse in der Wohnung	10 %
Oberlichter der Fenster lassen sich nicht öffnen	10 %
Rauschen der Heizung	10 %
Renovierung wurde trotz Verpflichtung des Vermieters nicht durchgeführt	20 %
Risse und Feuchtigkeit in Neubauwohnung	10 %
Schallisolierung mangelhaft	10 %
Schimmel an der gesamten Wand des Abstellraumes	10 %
Schimmel und Spakflecken	7 %
Schimmelbildung	10 %
Schimmelbildung und muffiger Geruch bei Mitverschulden	10 %
Schimmelpilzbefall (erheblich!)	20 %
Silberfische in der Wohnung	15 %
Trittschall, übermäßiger	15 %
Tür, Wohnungstür fehlt	15 %
Unterbeheizung auf 16 °C	17 %
Wärmeverluste wegen mangelnder Isolierung	25 %
Wasser tropft von der Zimmerdecke nach Schneesturm	30 %
Wasser, Überschwemmungsschaden, extremer Gestank	80 %
Wassereinbruch, Schmelzwasser läuft durch die Decke	30 %
Wassereintritt durch undichtes Fenster	5 %
Wasserrohr, Hauptwasserrohr lärmt über 35 dB(A)	10 %
Wasserschäden an Decke und Wänden	25 %
Wasserschaden, völlige Durchfeuchtung	100 %
Wasserschaden, Wohnzimmer nicht nutzbar	30 %
Wohnzimmer, nicht nutzbar wegen Wasserschaden	30 %
Zugluft (stark!) wegen defekter Dichtungen	20 %

Mängel außerhalb der Wohnung	Kürzung um ...
Aufzug, Ausfall (Wohnung im fünften Stockwerk)	8 %
Bauarbeiten, umfassende Umbauarbeiten im Haus	60 %
Bordell im Haus	30 %
Briefkasten nicht vorhanden	3 %
Dach undicht, Feuchtigkeit und Schimmel	20 %
Diskothekenlärm	30 %
Feuchtigkeit im Keller nach Regen	5 %
Garagentore lärmen extrem	10 %
Gegensprechanlage defekt	3 %
Gestank (bestialisch!) aus Nachbarwohnung	33 %
Hauseingangstür defekt, Mietblock	3 %
Keller nicht nutzbar	10 %
Keller- und Warmwasserwegnahme	30 %
Klingel defekt	3 %
Lärm durch neue Tanzschule im Haus	20 %
Lärm (ständig und stark!) nachts im selben Haus	50 %
Lärmbelästigung durch Waschsalon im Haus	7 %
Müllschlucker defekt	2 %
PKW-Einstellplätze gibt es trotz Zusage nicht	10 %
Prostitution im Haus	25 %
Trockenraum und Waschküche werden entzogen	10 %
Waschküchenbenutzung vorenthalten	8 %
Waschmaschine (hauseigene!) defekt	5 %

Mängel außerhalb des Hauses	Kürzung um ...
Bauarbeiten, starke Lärm- und Schmutzbelästigung	22 %
Blumengarten im Hof wird entzogen	10 %
Fluglärm und fehlende Isolierung	10 %
Gaststättenlärm bis ein Uhr nachts (extrem!)	37 %
Geruchsbelästigung durch Pizzeria (extrem!)	15 %
Ruhestörung durch Alkoholausschank an Imbiß	20 %
Sandkasten fehlt in neuer Wohnanlage	5 %

Quelle: Joachim Breu/Ralf Wissbar, BGB für Verbraucher. Der aktuelle Rechtsratgeber zum Bürgerlichen Gesetzbuch, Südwest Verlag, München 1998, S. 159–161.

Wenn mehrere Mängel vorhanden sind, kann man die jeweiligen Prozentpunkte addieren. Eine Mietminderung muß dem Vermieter oder Verwalter nicht vorher angekündigt werden, man benötigt auch nicht sein Einverständnis, damit der entsprechende Prozentsatz von der Miete abgezogen werden kann.

Mietnebenkosten

Seit 1991 stiegen die Ausgaben laut der Zeitschrift *Guter Rat* für die sogenannte „zweite Miete" im Westen um 74 Prozent, im Osten sogar um 170 Prozent. Deshalb: runter mit den Nebenkosten, wo es geht – am ehesten geht das bei den Kosten für Wasser (z.B. → Abwasch, → Waschmaschine, → Duschen) und Strom (Beleuchtung, Elektroherd, → Kühlschrank, → Fernseher, → Stand-by-Betrieb). Häufiger Streitpunkt zwischen Mieter und Vermieter: Welche Nebenkosten dürfen auf den Mieter umgelegt werden? Auskunft darüber, welche Kosten umlagefähig sind, gibt die sogenannte Zweite und Dritte Berechnungsverordnung (bei allen Mietervereinen erhältlich, z.B. bei *„Mieter helfen Mietern", Münchner Mieterverein, Holzstraße 2, 80469 München, Telefon: 089/4 80 28 10, oder Branchenbuch).* Kurz zusammengefaßt: Umlagefähig sind laufende Aufwendungen und Betriebskosten wie Wasser, Strom, Reinigung und Wartung der Heizungsanlage (nicht: Reparaturen), Kosten für Hausmeister, Fahrstuhl (auch für Wohnungen im Erdgeschoß), Straßenreinigung, Müllabfuhr, Hausreinigung, Gartenpflege, Beleuchtung, Schornsteinreinigung und Pflichtversicherungen. Einmal im Jahr muß der Vermieter unter Vorlage sämtlicher Quittungen abrechnen. Nicht umgelegt werden dürfen Bankgebühren, die Instandhaltungsrücklage, Mehrwertsteuer, Vereinsbeiträge, Verwaltungskosten, Reparaturkosten, Hypotheken, Grundschulden und sonstige Lasten des Grundstücks (§ 546 BGB) – und zwar auch dann nicht, wenn im Mietvertrag etwas anderes drinsteht (vgl. Urteil des Landgerichts Braunschweig vom 15. 2. 1991, AZ 6 S 338/90, NJW-RR 1991, 1230).

Mitfahrzentrale

Warum mit dem eigenen Wagen fahren, wenn man preisgünstig mitgenommen werden kann? Wer von A nach B will und keinen fahrbaren Untersatz zur Verfügung hat und/oder sich während der Fahrt unterhalten will, wendet sich einfach an die regionale Mitfahrzentrale, die es inzwischen in jeder größeren Stadt gibt („Gelbe Seiten") – die Agentur stellt gegen eine Vermittlungsgebühr (meist um die 30 Prozent) die entsprechenden Fahrgemeinschaften zusammen; die Kosten teilen sich die Reisenden untereinander auf. Oder andersherum: Man will mit dem eigenen Auto irgendwohin fahren und die Spritkosten senken – ein Anruf bei der nächsten Mitfahrzentrale genügt. Mit etwas Glück bekommt man einen Mitfahrer zugeteilt, mit dem man sich die Kosten teilt. Beispiel: Eine beim ADM-Mitfahrbüro (Adresse siehe unten) gebuchte Fahrt von München nach Hamburg oder umgekehrt kostet für den Mitfahrer 69 DM, wobei die Vermittlungsagentur 24 DM und der Fahrer 45 DM erhalten. Siehe auch → Car-Sharing. Inzwischen gibt es auch Mitflugzentralen (siehe → Last Minute). *Hier einige empfehlenswerte Adressen: Mitfahrzentrale ABC, Kürfürstenstraße 30, 40211 Düsseldorf, Telefon: 0211/ 36 05 15; Mitfahrzentrale Sack und Pack, Brunnenstraße 5–7, 42223 Düsseldorf, Telefon: 0211/34 62 18; Mitfahrzentrale Frankfurt, Baseler Platz 7, 60329 Frankfurt, Telefon: 069/ 23 64 44; Mitfahrzentrale AC, Homburger Straße 36, 60484 Frankfurt, Telefon: 069/1 94 44; Mitfahrzentrale Altona, Lobuschstraße 22, Hamburg, Telefon: 040/1 94 40; Mitfahrzentrale Bergedorf, Wentorfer Straße 48a, 21029 Hamburg, Telefon: 040/7 24 00 89; ADM-Mitfahrbüro und Car-Sharing (Nummer eins in München): Lämmerstraße 4, 80336 München, Telefon: 089/1 94 40 oder 59 45 61, Citynetz Mitfahr- und Mitflugzentrale Robinson, St. Wolfgang-Platz 9g, 83179 München, Telefon: 089/4 48 51 75, Mitfahrzentrale und Holiday Reisebüro GmbH, Klenzestraße 57, 80333 München, Telefon: 089/2 01 46 90; Mitfahrzentrale ABC, Kürfürstenstraße 30, 40211 Düsseldorf, Telefon: 0211/36 05 15; Mitfahrzentrale Stuttgart, Lerchenstraße 65, 70176 Stuttgart, Telefon: 0711/1 94 48.*

Mitfahrtvermittlung online bei folgenden Adressen:
http://www.cyberlift.de; http:home.t-online.de/home/pick-up;
http://www.gemps-schlund.de/mfgramen.htm;
http://www.hitch-hiker.de;
http://www.mitfahrzentrale-carnet.com;
http://www.uni-stuttgart.de/mfg.html.

Mitwohnzentrale

Mitwohnzentralen sind eine preiswerte Alternative zum klassischen Wohnungsmarkt – allemal, wenn es darum geht, kurzfristig eine Unterkunft zu finden. Inzwischen gibt es 43 Vermittlungsagenturen im Verband der Deutschen Mitwohnzentralen; alle haben dieselbe Rufnummer, nämlich: Vorwahl der nächsten Großstadt plus 1 94 45. Der Ring Europäischer Mitwohnzentralen (REM) betreibt 26 Agenturen in Deutschland: Vorwahl der nächsten Großstadt plus 1 94 30. In den Gelben Seiten findet man unter „Mitfahrwohnzentralen/Wohnungs- und Zimmervermittlung" auch kleinere, regionale Agenturen, die vor Ort und im jeweiligen Umland vermitteln. Das Ganze funktioniert genauso wie bei den Mitfahrzentralen (ca. 30 Prozent Vermittlungsgebühr für die Agentur). *Adresse: Verband der Mitwohnzentralen e. V., Georgenstraße 45, 80799 München, Telefon: 089/2 71 55 05; weitere Adressen: MWZ an der Uni, 80539 München, Telefon: 089/28 43 76 (für Vermieter), 28 10 88 (für Mieter), Mitwohnzentrale City, Klenzestraße 57b, 80333 München, Telefon: 089/2 01 63 11; Mr. Lodge (Vermietung auf Zeit), Ligsalzstraße 30, 80339 München, Telefon: 089/50 38 38; Mitwohnzentrale Frankfurt, Sandweg 106, 60316 Frankfurt, Telefon: 069/1 94 45; Mitwohnzentrale Mainhattan, Mainuferstr. 26, 60316 Frankfurt, Telefon: 069/5 97 55 61; Mitwohnzentrale Home-Hunting Hamburg, Treskowstraße 14, 20259 Hamburg, Telefon: 040/4 91 80 63.*
Empfehlenswerte Internet-Adressen:
http://www.mitwohnzentrale.de; http://www.HomeCompany.de; http://www.gemp.schlund.de/zentral.htm;
http://www.209.238.92.15/homecompany1/index.html;
http://www.rummelplatz.uni-mannheim.de/thomasv/homepage.htm.
Siehe auch → Wohnen, → Übernachten und → Urlaub.

Möbel

Zwar reduzieren etliche große Möbelhausketten wie IKEA zum Winterschlußverkauf ab der letzten Januarwoche ihre Preise drastisch, doch fährt man in jedem Fall günstiger, wenn man sich die Zeit nimmt, regionale Anzeigenblätter durchzusehen und mit In-

serenten telefonisch in Kontakt zu treten. Diese sind häufig froh, wenn sie ein sperriges Möbelstück billig loswerden können, und daher oft noch verhandlungsbereit, was den Preis angeht. Auch → Flohmärkte und → Auktionen sind eine gute Gelegenheit, um günstig an gut erhaltene Möbel zukommen. Im Möbelcenter sollte man grundsätzlich zu Ausstellungsstücken greifen und bar bezahlen – Skonto verlangen! Kostspielige Sonderanfertigungen sind natürlich tabu. Besonders preiswert sind Designer-Möbel in Italien. *Hier einige Adressen: K1 Möbeldiscount Bindlach, Am Industriegebiet, 95448 Bayreuth, Telefon: 09208/69 40; IKEA 2. Wahl (Zentrale), Marler Straße 137, 46282 Dorsten, Telefon: 02362/20 60 (bis zu 70 Prozent); Rattan-Möbel, Hauptstraße 12, 85328 Eckenhaid bei Nürnberg; DIWAn Möbel, Adalbert-Stifter-Straße 34, 83528 Geretsried, Telefon: 08171/90 93 90; Walter Knoll Sitzmöbelfabrik, Bahnhofstraße 26, 71083 Herrenberg, Telefon: 07032/20 80 (Gebrauchtmöbel und Ausstellungsstücke bis zu 60 Prozent); Bergmann GmbH natürlich wohnen, Haferbachstraße 9–15, 32791 Lage, Telefon: 05332/97 43 65 (bis zu 50 Prozent); Leuchten Holtkötte GmbH, Kempenweg 17, 59556 Lippstadt, Telefon: 02941/9 49 40 (bis zu 50 Prozent); Who's who, Neusser Straße 3, 80807 München, Telefon: 089/3 61 14 70 (Ausstellungsstücke und Designermöbel mit kleinen Lackfehlern bis zu 60 Prozent); Alno AG, Äußerer Mühlweg 19–22, 88630 Pfullendorf, Telefon: 07552/2 10 (Musterküchen und 2. Wahl bis zu 50 Prozent); Dima Freizeitmöbel, Dieselstraße 6, 73278 Schlierbach, Telefon: 07021/7 26 10 (bis zu 30 Prozent); Himolla Polstermöbelwerk, Schloßfeldstraße oder Reckenbacher Straße 2, 84416 Taufkirchen, Telefon: 08084/2 50 (bis zu 60 Prozent).*
Internet-Adresse: http://www.amanti-moebelmarkt.de.

Motorräder

Motorisierte Zweiräder aller Art (Mofa, Mokick, Motorräder) sind im Herbst am günstigsten. Besonders Auslaufmodelle müssen vor den Wintermonaten aus dem Lager und werden teilweise mit extremen Preisabschlägen verkauft. Ähnlich wie bei den Autos sind auch bei Motorrädern EU-Importe wesentlich preiswerter. Diese lohnen sich unter dem Strich aber höchstens bei den teureren Modellen. Grundsätzlich bietet sich der Gebrauchtkauf an (Kleinanzeigen beachten!). *Spezialtip:* Große Leihwagenfirmen (Europcar, Hertz, Sixt-Budget, Avis usw.) verscherbeln Leih-Motorräder nach zwei Jahren meist recht günstig. *Einfach anrufen und nachfragen – manchmal hat man Glück: Europcar (Telefon: 089/97 59 70 01; http://www.europcar.de), Hertz (Telefon: 089/1 29 50 01), Sixt-Budget (Telefon: 089/74 44 40), Avis (Telefon: 089/12 60 00 20).*

Müllgebühren

Ganz egal, ob man zur Miete wohnt oder selbst ein Haus/eine Wohnung besitzt – an den (seit Jahren ständig steigenden) Gebühren für die Abfallbeseitigung kommt man nicht vorbei. Einzige Sparmöglichkeit: Müll vermeiden, wo es geht! Das fängt schon beim Einkaufen an (Verpackungen zurücklassen!). Wer sich konsequent bemüht, Müll zu vermeiden und Papier- bzw. Pappendeckelabfälle selbst zum (kleinen) Wertstoffhof bringt, kommt in der Regel mit einer ganz kleinen Tonne aus und zahlt entsprechend weniger Gebühren. Für Gartenbesitzer: Kosten für Biomüll lassen sich sparen, wenn man selbst kompostiert, z. B. mit Schnellkompostierer (z. B. erhältlich bei Versandhaus Quelle ab 200 DM) oder mit einem normalem Komposthaufen. Dadurch spart man außerdem Kosten für Blumen- oder Gartenerde. Notfalls kann man ausnahmsweise auch mal ein paar leere Becher oder sonstigen Müll in öffentlichen Abfallbehältern (z. B. Parkanlagen, Spielplätze usw.) abladen. Das ist nicht verboten, wenn man gerade mal „zufällig“ vorbeikommt und ein paar Dinge ablädt – eine Gesetzeslücke macht's möglich. Strafbar ist es allerdings, wenn man regelmäßig gezielt ganze Säcke voll Abfall so entsorgt.

Musikinstrumente

Der günstigste Zeitpunkt zum Kauf eines Musikinstruments sind die Monate Mai und Juni. Als Anfänger sollte man prinzipiell zu einem gebrauchten Instrument greifen. Ein 15 oder 20 Jahre altes Klavier klingt meist noch (sehr) gut, dasselbe gilt für eine Geige oder Gitarre. Anders verhält es sich bei elektronischen Instrumenten wie Synthesizer, Keyboard oder E-Gitarre – ihre Lebensdauer ist geringer. Weiterer Nachteil: die Stromkosten – bei drei Stunden täglicher Spieldauer je nach Gerätetyp bis zu 350 DM im Jahr *(Quelle: Keyboard)*. Wer dennoch auf Klangwolken aus der Konserve steht, sollte sich nie das neueste Keyboardmodell anschaffen – es klingt auch nicht besser als das Vorjahresmodell. Da es genug Keyboard-„Junkies" gibt, die immer das Allerneueste haben wollen (und ihre „alten" Geräte verkaufen), hat man beste Chancen, über → Kleinanzeigen recht günstig an ein guterhaltenes Teil zu kommen. Am robustesten sind die Marken *Yamaha, Roland* und *Technics*. Von anderen Herstellern ist Abstand zu nehmen, ihre Störanfälligkeit nimmt laut Statistik nach ca. fünf Jahren erheblich zu – sehr hohe Reparaturkosten bei *Farfisa, Casio* und *Kawai*. *Günstige Kaufadressen sind: Medialand, Friedrich-Ebert-Straße 19, 40210 Düsseldorf, Telefon: 0211/36 08 25 und 36 39 97; Musikhaus Lank, Claudiusstraße 4, 40668 Meerbusch-Lank, Telefon: 02150/91 17 11; Ottos Musikladen, Marktplatz 18, 46117 Oberhausen-Osterfeld, Telefon: 0208/89 25 34; Musikhaus Schlaile, Klosterstraße 8, 77652 Offenburg, Telefon: 0781/7 04 07; Musikhaus Warnemünde, Fritz-Reuter-Straße 5, 18119 Rostock-Warnemünde, Telefon: 0381/5 19 20 18.*

O

Ölwechsel

Die Intervalle für die Ölwechsel sind von den Herstellern sehr kurz angesetzt. Laut einer Studie des Bundesumweltamtes zur „Ermittlung von Altölvermeidungspotentialen" könnten deutsche Autofahrer auf rund 120.000 Tonnen Motoröl verzichten und der Umwelt dadurch etwa 70.000 Tonnen Altöl weniger zumuten – und dabei selbst jede Menge Geld sparen. Laut Umweltbundesamt könnten Pkws 40.000 bis 50.000 Kilometer (statt der üblichen 10.000 bis 15.000 Kilometer) und Lkws 100.000 Kilometer mit einer Ölfüllung fahren, ohne daß der Motor Schaden nimmt oder der Kraftstoffverbrauch steigt. Daß man einen fälligen Ölwechsel nicht in der Vertragswerkstatt, sondern an der Tankstelle durchführen läßt, versteht sich – falls man es nicht ohnehin selbst macht. Entsorgen Sie das Altöl an der Tankstelle für 3 bis 4 DM pro Liter – das kommt immer noch billiger als der Komplettservice.

Oper/Operette *(→ Eintrittskarten)*

P

Papiertaschentücher *(→ Taschentücher)*

Parfüm *(→ Kosmetik)*

Parties

Daß gute Parties immer viel Geld kosten müssen, ist schlichtweg falsch – im Gegenteil: Wer häufig Mitbring-Parties organisiert, braucht sich selbst fast nichts mehr zu essen kaufen, weil erfahrungsgemäß immer jede Menge übrigbleibt. Viel wichtiger als die perfekte Vorbereitung ist, daß die Gäste sich amüsieren – und dafür braucht es weder Girlanden, eimerweise Alkoholika, teure Stoffservietten, Tortenbomben noch sonstigen aufwendigen Schnickschnack. Damit eine Party, die nicht viel Geld kosten soll (bzw. bei der sogar noch etwas übrigbleibt), zum Knüller wird, gilt es zwei Grundregeln zu beachten. *Erstens:* Die Zusammensetzung der Gäste ist das A und O. Wenn „die Chemie" unter den Leuten stimmt, ist der finanzielle und organisatorische Aufwand absolut marginal, weil die Party sich selbst trägt bzw. finanziert. Denn Leute, die sich gut unterhalten und amüsieren, haben weniger Zeit und ein geringeres Bedürfnis zu konsumieren. *Zweitens:* Jeder Gast soll etwas mitbringen – jedoch unbedingt vorher untereinander absprechen, was! Ideal ist es, wenn der eine für Getränke sorgt, ein anderer Salate zubereitet, ein dritter Schallplatten oder CDs besorgt, ein vierter Süßigkeiten mitbringt und so weiter. *Spezialtip:* Liste erstellen und Aufträge auf die Partygäste verteilen! Faustregel: Je mehr Leute eingeladen werden, desto mehr bleibt am Ende für den Gastgeber übrig!

Pflanzen *(→ Blumen)*

Preisagenturen

Im Prinzip sind sie keine schlechte Sache: Der Kunde nennt sein Wunschprodukt und den von einem bestimmten Anbieter genannten Preis. Er bestimmt eine Suchfrist, einen Suchumkreis und den spätestmöglichen Liefertermin. Da solche Agenturen rein erfolgsorientiert arbeiten, geht man keinerlei Risiko ein. Im Erfolgsfall erhält die Agentur zwischen 20 und 40 Prozent der Preisdifferenz. Einige Agenturen legen eine Preisuntergrenze von 500 bis 1.000 DM fest – bei Beträgen unter diesem Wert werden sie gar nicht erst tätig. Besser: Man startet seine eigenen Preisumfragen. Wer wissen will, welche Preisdifferenzen es im regulären Verkauf für ein und dasselbe Produkt gibt, erfährt dies durch Preisvergleichslisten, die die → Verbraucherzentralen zweimal im Jahr veröffentlichen. Die Verbraucherschützer stellen dabei bei bestimmten Artikeln immer wieder Preisunterschiede bis zu 70 Prozent (z.B. bei Elektrogeräten) fest und halten die Ergebnisse ihrer Recherchen in ihrer kostenlosen Informationsschrift „Wo ist was am billigsten?“ fest. *Direkt zu beziehen bei folgender Adresse: Institut für angewandte Verbraucherforschung, Aachener Straße 89, 50931 Köln, Telefon: 02234/7 19 10. Hier einige Adressen von Preisagenturen: Preiswärter, Mozartstraße 14, 80336 München, Telefon: 089/5 44 67 30, http://www.preis.de; Kauf & Spar, 64665 Alsbach, Telefon: 0251/4 73 43; Pro Buy, 68163 Mannheim, Telefon: 01805/24 24 37; Preisermittlungsbüro Korn, 73434 Aalen, Telefon: 07242/95 24 80.*

Und hier noch drei empfehlenswerte Internet-Adressen:
http://www.preisagentur.com; http://www.preis.de; http://www.money-docs.de.

Preisvergleichslisten *(→ Preisagenturen)*

R

Rasieren

Konventionelles Rasieren kommt unter dem Strich teurer als die elektrische Rasur! Während ein Elektrorasierer (Anschaffungskosten ab 50 DM) mehrere Jahre lang wartungsfrei arbeitet und nur geringe Mengen Strom verbraucht (Stromkosten pro Rasur ca. 0,3 Pfennig), fallen beim Rasieren mit Schaum und Klinge ständig Kosten an: Rasierschaum, Rasierpinsel, Klingen – die Kosten dafür belaufen sich im Jahr auf 25 bis 30 DM. Damit hat sich der Elektrorasierer bereits nach zwei Jahren amortisiert – vom Bequemlichkeitsaspekt mal ganz abgesehen.

Ratenkauf

Bei größeren Anschaffungen ist es üblich, daß der Verkäufer – vor allem Waren- und Versandhäuser, Auto- und Möbelhändler – Ratenkauf anbietet. Zum Teil ist das ein Werbeargument („heute mitnehmen, morgen bezahlen!"), zum Teil ist es eine Notwendigkeit des Marktes, um konkurrenzfähig zu bleiben. Immer aber ist es eine Anstiftung zum Konsum, den sich der Verbraucher oft eigentlich gar nicht leisten kann. Juristen verstehen unter Ratenkauf, daß die Schuld in mindestens zwei zeitversetzten Beträgen beglichen wird. *Beispiel: Angenommen, Sie finden folgendes Angebot: „Den Kredit von 1.000 DM zahlen Sie bequem in zwölf Raten à 86,66 DM zurück." Sie rechnen und stellen fest: Zwölf Monatsraten à 86,66 DM bedeuten einen Gesamtbetrag von 1.040 DM. Innerhalb eines Jahres bedeutet das auf einen Kreditbetrag von 1.000 DM einen Zinssatz von vier Prozent. Das wäre günstig. Aber: Damit ist es leider nicht getan, denn es kommt noch einiges hinzu: Bearbeitungsgebühr (50 DM), Kontoeinrichtungsgebühr (30 DM), Kontolöschungsgebühr (30 DM), Auskunftsgebühr bei der Schufa (25 DM), Vertragsausfertigungsgebühr (15 DM). Rechnen wir diese Beträge (insgesamt 150 DM) zu der bereits genannten Summe von 1.040 hinzu, ergeben sich insgesamt 1.190 DM –*

und nun sieht unser Abzahlungsgeschäft schon etwas anders aus, denn der effektive Jahreszins beträgt danach 19 Prozent. Die Konsequenz: bei Ratenkauf besonders kritisch sein, meist ist sogar der (teure) Kredit von der normalen Bank noch deutlich billiger. Noch besser: ganz auf Ratenkauf verzichten! Alternativen sind → Gebrauchtkauf, → Second-Hand-Kauf, → Remittenden, → Kleinanzeigen und so weiter.

Rechtsstreit

Ein guter Anwalt ist nicht nur schwer zu finden, sondern kostet auch viel Geld. Wer nur einen kurzen Tip braucht, ist bei der *Anwaltshotline (Telefon: 0190/88 68 68, täglich 8 bis 21 Uhr)* gut aufgehoben. Hier kostet zwar die Minute 3,63 DM, doch in der Regel sind die Fragen innerhalb von sieben Minuten (rund 20 DM Gebühr) geklärt. Bei Falschauskünften haftet die Telefon-Kanzlei mit 500.000 DM – allerdings müssen Sie das erst mal beweisen können, denn ein Gesprächsmitschnitt auf Band ist aus Gründen des Persönlichkeitsschutzrechts des Anwalts nicht erlaubt. Ist ein Fall besonders kompliziert, verweisen die Telefonanwälte meist an einen Spezialisten. Wer einen Fachanwalt in seiner Nähe sucht, wählt die Nummer 0190/24 45 55 – hier erhält man pro Anruf drei Adressen von Spezialisten. Wer mittellos ist oder nur ein geringes Einkommen hat, kann sich beim Amtsgericht einen kostenlosen Beratungsschein ausstellen lassen, mit dem er einen Anwalt seiner Wahl aufsuchen und notwendige Schreiben erledigen lassen kann. Im Falle eines Prozesses gibt es Prozeßkostenhilfe für die Anwalts- und Gerichtskosten vom Staat. Sie wird auf Antrag gewährt – allerdings nur, wenn Sie alle geforderten Unterlagen zu Ihren Vermögens- und Familienverhältnissen beibringen und die Angelegenheit nach Auffassung der Richters Aussicht auf Erfolg hat. Wenn Sie z.B. 7.000 DM fordern und der Richter meint, Sie würden nur in Höhe von 3.500 DM gewinnen, dann gewährt er nur Prozeßkostenhilfe für ein Verfahren über 3.500 DM.
Wann immer möglich: Vor dem Gang zum Kadi immer eine gütliche Einigung anstreben, einen neutralen Sachverständigen oder – noch besser – einen sogenannten „Ombudsmann“ einschalten (Adressen bei der Stadt- bzw. Gemeindeverwaltung erfragen); hier fallen weder Anwalts- noch Gerichtskosten an. Schlichten statt

Richten ist nicht nur schneller, sondern auch weniger nervenaufreibend für alle Beteiligten. Den Schlichter kann man in Anspruch nehmen bei Nachbarstreitigkeiten (z.B. zu große Gartenzwerge), Geldstreitigkeiten, Vertragsstreitigkeiten, Beleidigungen, Schlägerei und Sachbeschädigung. Die ehrenamtlich gewählten Ombudsmänner führen die Streithähne zu einem Sühnetermin im Rathaus zusammen. Wer Ärger mit seiner Bank hat, wendet sich an den *Bundesverband Deutscher Banken, Ombudsmann, Postfach 10 05 55, 55667 Köln (Streitwert bis zu 10.000 DM).* Bei Ärger mit Handwerkern wendet man sich an die Schlichterkommission der jeweiligen Innung, die gebührenfrei vermittelt. *Info-Telefon: 0228/9 12 70.*

Re-Importe

Unter einem Re-Import versteht man einen Artikel, der in Deutschland produziert, ins Ausland ausgeführt (bzw. dorthin verkauft) und anschließend wieder re-importiert wurde. Da im Ausland die Kaufkraft geringer ist als in Deutschland, müssen die Firmen ihre exportierten Artikel dort zu einem teilweise wesentlich geringeren Preis verkaufen als hierzulande. Es kann sich daher lohnen, bestimmte Artikel – wie → Autos, → Medikamente oder → Elektrogeräte – vom Uraub in Italien, Spanien, Belgien, Luxemburg oder Frankreich mitzubringen. Spezielle Importfirmen erwerben deutsche Ware im Ausland und führen sie wieder nach Deutschland ein, wo sie sie unter dem regulären Preis verkaufen. Als Provision behalten sie rund die Hälfte der Preisersparnis für den Kunden – je nach Artikel kann es sich dabei um mehrere tausend Mark handeln. Der Käufer hat bei Re-Importen keinerlei Nachteile. Garantie und Gewährleistung gelten genauso wie beim regulären Einkauf. Wer Probleme mit einer Vertragsfachwerkstätte hat, die sich weigert, bei einem Re-Import Garantieleistungen auszuführen, wendet sich am besten direkt mit einer Beschwerde an den Hersteller oder an die Europäische Kommission in Brüssel – oft reicht schon die Androhung aus! *Die Adresse: Generaldirektion für Wettbewerb, 200 Rue de la Roi, B-1049 Bruxelles.*

Reifen

Von No-name-Reifen oder runderneuerten Reifen rate ich ab, da diese nicht nur einen wesentlich höheren Abrieb haben, sondern laut Statistik auch deutlich pannenanfälliger sind. Ich selber hatte einmal mit runderneuerten Reifen in einem Jahr zwei Pannen. Runderneuerte Reifen müssen trotz defensiven Fahrstils in der Regel bereits nach 40.000 bis 50.000 Kilometern ersetzt werden. Zum Vergleich: *Michelin Energy*-Reifen kosten zwar das Doppelte (Preis pro Stück ca. 140 DM), halten aber um die 100.000 Kilometer und helfen obendrein beim Spritsparen, da sie ganz leicht über den Asphalt gleiten – eine Spezialbeschichtung des Gummis macht's möglich. Für Nicht-Raser eingeschränkt empfehlenswert sind Modelle japanischer Markenhersteller, die fast immer günstiger sind als ihre europäischen Konkurrenten. Wenigfahrer bekommen mitunter Reifen, die noch ein, zwei Jahre halten, auf dem → Autofriedhof – allerdings braucht man dafür etwas Glück.

Reinigungen

Sie kosten nicht nur viel Geld, sondern behandeln Kleidungsstücke häufig auch mit gesundheitsschädigenden Chemikalien, die Allergien verursachen können. Zudem belasten sie über das Abwasser die Umwelt. *Tip:* Besonders verdreckte Kleidungsstücke sammeln, mit Fleckensalz einreiben und schließlich ganz normal im Waschsalon oder in der → Waschmaschine waschen – in den meisten Fällen reicht das aus. Falls Sie Kleidungsstücke besitzen, die wirklich nur in der Reinigung gewaschen werden dürfen, achten Sie auf Sonderangebote. Reinigungen in Einkaufszentren sind am günstigsten.

Reisen

Wer nur wenig Geld übrig hat, aber dennoch nicht darauf verzichten möchte, eine andere Umgebung kennenzulernen, hat jede Menge Alternativen zu herkömmlichen teuren Reisen. Der Erholungseffekt und Erlebniswert einer Extrem-Spartour kann um ein Vielfaches höher sein als der eines gebuchten Pauschalangebotes. Ob Sie sich entscheiden, wie weiland Heinz Erhardt auf Schusters

Rappen loszulegen, eine größere Fahrradtour zu unternehmen (z.B. eine Alpenüberquerung), durch Europa zu trampen oder über die → Mitfahrzentrale wegzukommen, hängt von Ihren individuellen Voraussetzungen und Ihrer Flexibilität ab. Beachten Sie auch die aktuellen Sonderangebote der „Deutschen BA" *(z. B. 199 DM nach London und zurück, Telefon: 0180/33 3344 44)* und der British Airways-Tochter „Go" *(Telefon: 01803/65 43 21).* Auch die TUI-Tochter 1-2-Fly bietet Familien mit mehreren Kindern echte Preisvorteile für die Urlaubsreise – mit günstigen Festpreisen für Kinder von 2 bis 14 Jahren. *Beispiel: 1 Woche im „Club Maioris" auf Mallorca pro Person im Doppelzimmer, Flug und Halbpension ab 588 DM, pro Kind (ab 6 Jahre) ab 198 DM, Kinder unter 6 Jahren kostenlos.* Siehe auch → Last-Minute und → Urlaub; Reisemängel siehe bei → Reklamationen.

Reklamationen

Häufig lassen sich durch Reklamationen nachträglich Preisnachlässe heraushandeln, wenn man ein fehlerhaftes Produkt moniert oder aber trotz des Fehlers behält. *Beispiel: Eine Tafel Schokolade schmeckt schon etwas schal, ist aber noch genießbar. Einfach die Packung mit einem netten Begleitbrief an die Reklamationsabteilung einschicken (unfrei, versteht sich!) – bei berechtigter Reklamation schickt die Firma postwendend ein Freßpaket als Entschädigung. Oder bei einem Keyboard wackelt eine Taste ein wenig, ist aber funktionstüchtig. Sie erklären sich bereit, das Gerät zu behalten, verlangen aber 30 Prozent Preisnachlaß – und bekommen ihn.* Spezialfall Pauschalreise: Grundsätzlich jeden Reisemangel auf Zelluloid bannen – das Foto dient hinterher als Beweismittel. Bei berechtigten Reklamationen ersetzt der Veranstalter in der Regel einen Teil des Reisepreises. Die Sätze der sogenannten „Frankfurter Tabelle" gelten für den Fall, daß Leistungen in Katalog oder Buchungsbestätigung zugesagt, tatsächlich aber nicht oder nur teilweise erbracht wurden.

Frankfurter Tabelle für Reisepreis-Minderungen	
Mangelhafter Transport	
Abflugverzögerung um mehr als vier Stunden	5 %*
Transportklasse entspricht nicht der gebuchten Klasse (niedriger!)	10–15 %
Normaler Standard des Transportmittels ist nicht gegeben (Abweichung nach unten)	5–10 %
Übliche Verpflegung auf dem Transport fehlt	5 %
Übliche Unterhaltung (Radio, Film usw.) in der gebuchten Transportklasse fehlt	5 %
* des anteiligen Reisepreises für einen Urlaubstag pro jede weitere Stunde der Verzögerung. Beispiel: Reisepreis 2.000 DM, Reisedauer 10 Tage, anteiliger Reisepreis pro Tag 200 DM – ab der vierten Stunde gibt es für jede weitere Stunde also 10 DM (fünf Prozent von 200 DM).	

Mangelhafte Unterkunft	
Abweichung vom gebuchten Objekt (je nach Entfernung)	10–25 %
Abweichende örtliche Lage (wesentlich ist zum Beispiel eine andere Strandentfernung)	5–15 %
Abweichende Art der Unterbringung (zum Beispiel Bungalow statt Hotel, andere Etage)	5–10 %
Abweichende Art der Unterkunft	
Doppelzimmer statt Einzelzimmer	20 %**
Dreibettzimmer statt Einzelzimmer	25 %**
Dreibettzimmer statt Doppelzimmer	20–25 %**
Vierbettzimmer statt Doppelzimmer	20–30 %**
** Entscheidend ist, ob man mit fremden Reisenden zusammengelegt wird oder zum Beispiel mit den eigenen Kindern oder Freunden, mit denen man auch zusammen gebucht hat – dann gelten eventuell geringere Sätze.	

Abweichende Ausstattung der Unterkunft	
Zu kleine Grundfläche	5–10 %
Fehlender Balkon (je nach Jahreszeit)	5–10 %
Fehlender Meeresblick	5–10 %
Fehlendes eigenes Bad/WC	15–25 %
Fehlendes eigenes WC	15 %
Fehlende eigene Dusche	10 %
Fehlende Klimaanlage (je nach Jahreszeit)	10–20 %
Fehlendes Radio/TV	5 %
Zu geringes Mobiliar	5–15 %
Schäden am Zimmer (Risse, Feuchtigkeit, Zugluft)	10–50 %
Ausfall von Versorgungseinrichtungen	
Toilette	15 %
Bad/Warmwasserboiler	15 %
Stromausfall/Gasausfall	10–20 %
Wasserversorgung	10 %
Klimaanlage (je nach Jahreszeit)	10–20 %
Fahrstuhl (je nach Stockwerk)	5–10 %
Mangelhafter Service in der Unterkunft	
Vollständiger Serviceausfall	25 %
Schlechte Reinigung	10–20 %
Ungenügender Wäschewechsel (Bettwäsche, Handtücher)	5–10 %
Andere Beeinträchtigungen	
Erheblicher Lärm am Tage	5–25 %
Erheblicher Lärm in der Nacht	10–40 %
Geruchsbelästigungen (Küche, Kläranlage)	5–15 %
Ungeziefer im Zimmer	10–50 %
Mangelhafte Verpflegung	
Vollkommener Ausfall der Verpflegung	50 %
Eintöniger Speiseplan	5 %

Mangelhafte Verpflegung	
Nicht ausreichend warme Speisen	10%
Verdorbene, ungenießbare Speisen	20–30 %
Selbstbedienungsrestaurant statt Kellnerservice	10–15 %
Erhebliche Wartezeiten	5–15 %
Essenausgabe im Schichtbetrieb	10 %
Verschmutzte Tische	5–10 %
Verschmutztes Geschirr und Besteck	10–15 %
Fehlende Klimaanlage im Speisesaal (je nach Jahreszeit)	5–10 %

Andere Reisemängel	
Fehlender oder verschmutzter Swimmingpool	10–20%
Fehlendes Hallenbad	
– bei vorhandenem Swimmingpool	10 %
– bei nicht vorhandenem Swimmingpool	20 %
Fehlende Sauna	5 %
Fehlender Tennisplatz	5–10 %
Fehlende Minigolfanlage	3–5 %
Fehlende Segelschule, Surfschule, Tauchschule	5–10 %
Fehlende Reitmöglichkeit	5–10 %
Fehlende Kinderbetreuung	5–10 %
Baden im Meer ist unmöglich (bei entsprechender Prospektangabe)	10–20 %
Verschmutzter Strand	10–20 %
Fehlende Strandliegen, Sonnenschirme	5–10 %
Fehlende Snack- oder Strandbar	max. 5 %
Fehlender FKK-Strand	10–20 %
Fehlendes Restaurant oder fehlender Supermarkt	
– bei Hotelverpflegung	max. 5 %
– bei Selbstverpflegung	10-20 %
Fehlende Vergnügungseinrichtungen (Disco, Nightclub, Kino, Animation)	5–15 %

Andere Reisemängel	
Fehlende Boutique oder Ladenstraße	max. 5%
Ausfall von Landausflügen bei Kreuzfahrten	20-30%
Fehlende Reiseleitung	
– nur im Hinblick auf die Organisation	max. 5%
– bei Besichtigungsreisen	10-20%
– bei Studienreisen mit wissenschaftlicher Führung	20-30%
Zeitverlust durch notwendigen Umzug	
– innerhalb desselben Hotels	Anteiliger Reisepreis für einen halben Tag
– in ein anderes Hotel	Anteiliger Reisepreis für einen Tag

Quelle: Joachim Breu/Ralf Wissbar, BGB für Verbraucher. Der aktuelle Rechtsratgeber zum Bürgerlichen Gesetzbuch, Südwest Verlag, München 1998, S. 260–262.

Reisemängel *(→ Reklamationen)*

Remittenden/Retouren

Remittenden und Retouren sind Artikel (z.B. Bücher, Zeitschriften, Elektrogeräte, Medikamente usw.), die wegen eines kleinen Produkt- oder Verpackungsfehlers vom Einzelhändler nicht verkauft, sondern an den Erzeuger zurückgegeben werden. Bevor dieser damit seine Lager vollstellt, verschenkt er sie (oder verkauft sie wesentlich billiger) an Verbraucher weiter. Telefonische oder schriftliche Anfrage (Fax) genügt in der Regel. Auch Vorbeischauen kann sich auszahlen. Folgende Firmen geben Remittenden auf Anfrage manchmal kostenlos ab (Auswahl): *Kölln (Haferflocken), Postfach 609, 25306 Elmshorn, Telefon: 04121/8 71 88; Nestlé Deutschland AG (Nahrung, Babykost), Lyoner Straße 23, 60528 Frankfurt, Telefon: 069/6 67 11 (Retourenstelle); auch Verlage!*

Reparaturen

Wenn ein technisches Gerät seinen Geist aufgibt, muß keineswegs immer die teure Fachwerkstatt ran. Viele kleinere Reparaturen kann man ohne weiteres selbst ausführen, z.B. defekte Sicherungen ersetzen, Leuchtdioden oder Netzteile austauschen. Vorsicht ist jedoch bei High-Tech-Geräten angesagt: Hier kann man als unerfahrener bzw. unvorsichtiger Bastler schnell einen Stromschlag bekommen – und zwar auch dann, wenn der Netzstecker gezogen ist! Im übrigen verliert man seinen Garantieanspruch, wenn man das Gehäuse aufgeschraubt hat. Nach Ablauf der Garantiezeit sollte man teure Fachwerkstätten meiden, vielmehr sich nach günstigeren Reparaturbetrieben umsehen – am besten auf Empfehlung aus dem Bekanntenkreis oder auf → Kleinanzeigen achten.

Restaurants *(→ Lokale)*

S

S-Bahn

Im Gegensatz zum → Bahnfahren sind hier die Sparmöglichkeiten relativ begrenzt, es sei denn, man besorgt sich die verbilligte Jahres-Zeitkarte (für Vielfahrer!) oder ein 24-Stunden-Ticket, das man nach Gebrauch billiger an den Meistbietenden am Bahnsteig weiterverkaufen kann – das ist nicht verboten und klappt mit etwas Verkaufstalent fast immer. Statistisch gesehen noch billiger, aber keineswegs ein Kavaliersdelikt: *konsequent* schwarzfahren, nicht nur ab und zu ...

Schallplatten

Die billigsten schwarzen Rillen bekommt man auf speziellen → Flohmärkten, auch → Tauschen kann interessant sein. Plattenbörsen für Hobbysammler finden inzwischen in jeder größeren Stadt regelmäßig statt (Plakatierung beachten!). Während man für manche Scheiben aus den sechziger und siebziger Jahren, die inzwischen Sammlerwert haben, gut und gerne 100 DM, 200 DM oder noch mehr hinblättern muß, gibt es hier auch jede Menge Platten für ein bis zwei Mark. Die Plattensammler haben sogar ihre eigenen Fachzeitschriften: Im *Memory Magazin* für Freunde deutscher Oldies (viermal jährlich), im *Oldie Markt* und im *Rock'n Roll Music Magazin* (beide monatlich) gibt es auch jede Menge Kleinanzeigen für An- und Verkäufe der begehrten Stücke – jeder Kiosk kann diese Zeitschriften bestellen. Interessant sind auch spezielle Second-Hand-Läden, z.B. *Second Sound, Karl-Marx-Straße 11, 12043 Berlin, Telefon: 030/6 24 14 04; Phon (CD-An- und Verkauf), Landshuter Allee 27, 80333 München, Second-Hand-Records, Neckarstraße 140a, 70243 Stuttgart, Telefon: 0711/26 04 04.* Weiterer heißer Tip: Die Archive vieler privater Rundfunksender platzen schier aus den Nähten – daher kann es sich lohnen, einmal dort nachzufragen, ob es etwas zu verschenken gibt (gegen Abholung natürlich!). *Bei folgenden Sendern*

könnte sich ein Anruf lohnen: Radio Energy, Potsdamer Straße 131, 10783 Berlin, Telefon: 030/2 17 37 30; Radio Regenbogen, Kartäuserstraße 39, 79102 Freiburg im Breisgau, Telefon: 0761/ 28 29 90; Radio Arabella, Paul-Heyse-Straße 2–4, 80336 München, Telefon: 089/5 44 70 00; Radio Charivari, Paul-Heyse-Straße 2–4, 80336 München, Telefon: 089/5 14 10 00; Radio Energy, Pestalozzistraße 23, 80469 München, Telefon: 089/2 31 90 70; Radio Gong 2000, Franz-Joseph-Straße 14, 80801 München, Telefon: 089/38 38 38 38.
Empfehlenswerte Internet-Adressen:
http://www.cdyou; http://www.kencranes.com (riesige Auswahl an CDs, Laserdiscs. Trotz der US-Versandkosten kann man hier bei Bestellungen ab 10 Stück noch viel Geld sparen!);
http://www.broadcast.com; http://www.klassik.com;
http://www.emimusic.de;
http://www.dem.de/entertainment/musik.

Schlichtungsstellen *(→ Rechtsstreit)*

Schlußverkauf

Passionierte Schnäppchenjäger nennen ihn gerne die fünfte Jahreszeit: den Schlußverkauf. Wenn in der letzten Januarwoche bzw. Mitte August die Preise in den Keller purzeln, reduzieren die Händler vor allem Saisonware bis zu 70 Prozent. Und was vorher schon billiger war, muß jetzt nochmals reduziert werden. So schreibt es das Gesetz vor. Allerdings hat man nicht auf alle reduzierten Artikel automatisch volles Umtauschrecht (mit dem Händler abklären!). Anders sieht es bei fehlerhafter Ware aus: In diesem Fall hat der Käufer auch im Schlußverkauf zwei Möglichkeiten: zum einen Wandelung (man gibt die Ware zurück und bekommt die Kosten erstattet), zum anderen Minderung (man behält den fehlerhaften Artikel, kriegt aber einen Teil des Kaufpreises zurück). Einschränkung: In den Allgemeinen Geschäftsbedingungen kann vereinbart sein, daß der Einzelhändler bei fehlerhafter Ware zunächst eine Reparatur versuchen darf. *Spezialtip:* Lassen Sie immer den Grund für die Preisminderung auf dem Kassenzettel notieren, dann können Sie spätere Reklamationsansprüche leichter durchsetzen.

Schmuck

Wer auf teure „Zeitmaschinen" oder andere Schmuckstücke nicht verzichten will, sollte kein hochentwickeltes Präzisionsteil oder eine Rolex beim Juwelier kaufen, sondern einen robusten Billig-Import mit Quarzanzeige aus Taiwan oder China für 9,99 DM. Die Dinger halten in der Regel drei bis vier Jahre – ein Batteriewechsel lohnt sich meist nicht. Als sinnvolle Alternative kommt eine Automatik-Uhr (Kostenpunkt maximal 40 DM) in Frage, die sich durch die Bewegung (z.B. Schütteln der Arme!) selbst aufzieht – ihre Lebensdauer beträgt 10 bis 15 Jahre.
Schmuckstücke kauft man günstig bei Eduscho oder Tchibo (Angebote beachten; http://www.tchibo.de), oder man bringt sie aus dem Türkei-Urlaub mit – Gold ist hier 20 bis 30 Prozent preiswerter als „made in Germany", muß jedoch offiziell verzollt werden (scharfe Grenzkontrollen!). Allerdings fällt es nicht auf, wenn man sich ein paar Ringe an die Finger steckt. Eine andere Möglichkeit sind → Auktionen: Hier gibt es aber keine Garantie – deshalb bei teuren Stücken Expertisen verlangen! Wer seinem Temperament nicht traut, sollte ein schriftliches Gebot beim Auktionator einreichen. Das garantiert die Einhaltung des selbstgesteckten Preislimits. Unbedingt einrechnen: Zur Kaufsumme kommen noch 10 bis 15 Prozent Versteigerungsgebühr und 16 Prozent Mehrwertsteuer hinzu! *Hier einige empfehlenswerte Fabrikverkauf-Adressen: Perls Center, Friedrichstraße 22, 60323 Frankfurt, 069/71 71 72 (bis zu 30 Prozent); Uhrenfabrik Wehrle, Lindenstraße 2, 78120 Furtwangen, Telefon: 07723/53 24 (bis zu 40 Prozent); Inge Hübner GmbH, Sonnenstraße 17, 87600 Kaufbeuren, Telefon: 08341/63 72 (bis zu 40 Prozent); Bellana, Ringstraße 56, 56564 Neuwied, Telefon: 02631/2 59 99; Gardé-Uhren, Bahnhofstraße 27, 99842 Ruhla, Telefon: 036029/7 01 07 (bis zu 50 Prozent); Goldfinger, Bockelstraße 114, 70619 Stuttgart, Telefon: 0711/41 27 44 (bis zu 40 Prozent); Hubert Herr Uhrenfabrik, Hauptstraße 8, 78098 Triberg, Telefon: 07722/42 68 (bis zu 40 Prozent).*
Internet-Adressen:
http://www.megatime.de;
http://www.schmuckversand.de;
http://www.timeworld.com.

Schwimmen *(→ Baden)*

Schnäppchenführer

Was ist von ihnen zu halten? Naja, ich selbst habe noch vor wenigen Jahren jeden neu erschienenen Schnäppchenführer gierig verschlungen, in der Hoffnung, damit billiger zu leben. Seit ich jedoch weiß, daß viele Firmen den Verlagen bzw. Herausgebern Geld dafür bezahlen, um in diesen Büchern genannt zu werden, stehe ich derartigen Schnäppchenführern sehr kritisch gegenüber. Hinzu kommt, daß diese Bücher den Kaufrausch fördern – Motto: „Kaufe alles, was du kriegen kannst, auch wenn du es gar nicht brauchst, Hauptsache, du bekommst es billig!" Meines Erachtens kann man lediglich folgende zwei Bücher (mit Einschränkungen) empfehlen: Susanne Westphal, Das ultimative Schnäppchenbuch. Die besten Tips und Tricks, Frankfurt (Campus Verlag) 1998, 29,80 DM; Der große Einkaufsführer. Fabrikverkauf in Deutschland 1999/2000 (aktualisiert, geprüft und erweitert seit 1992), Stuttgart (Zeppelin Verlag) 1999, 19,80 DM.

Schreibmaterial *(→ Büromaterial)*

Schuhe

Bei guten Schuhen ist das Einsparpotential relativ gering: Gute Qualität, die mehrere Jahre halten soll, hat hier ihren Preis. Dafür kann man diese Schuhe allerdings auch mehrmals ohne großen Substanzverlust reparieren lassen. Bei Billigschuhen spart man zwar erst mal Geld, jedoch lösen sie sich häufig schon nach wenigen Monaten in ihre Bestandteile auf – ein klassischer „Pyrrhussieg". Die beste Zeit für den Schuhkauf ist der Schlußverkauf (Winter: Ende Januar; Sommer: Ende Juli/Anfang August). Eventuell kann man mit dem Verkäufer auch noch um ein paar Mark feilschen, wenn man eine kleine Macke entdeckt hat. Auch Fabrikkauf kann sich bei qualitativ hochwertigen Schuhen lohnen. Innerhalb Europas sind Qualitätsschuhe in Italien und Spanien (vor allem in dem Städtchen Inca auf Mallorca) am preiswertesten – beim nächsten Urlaub daran denken. Doch auch an den deutschen Produktionsstandorten gibt es mitunter Verkauf ab

Fabrik. *Adressen von Fabrikverkauf: Birkenstock, Lohfelder Straße 22, 53604 Bad Honnef; Telefon: 02224/9 23 80 (bis zu 40 Prozent); Salamander, Auf dem Königslande 20, 22041 Hamburg, Telefon: 040/68 74 02 (30 bis 50 Prozent); Elefanten Schuhe, Hoffmannallee 41, 47533 Kleve, Telefon: 02821/8 63 57 (bis zu 50 Prozent); Bally, Reutlinger Straße 49–53, 72555 Metzingen, Telefon: 07123/3 08 00 (30 bis 50 Prozent); Gabor, Marienberger Straße 31, 83024 Rosenheim, Telefon: 08031/80 10 (30 bis 50 Prozent, 2. Wahl 60 Prozent); Lloyd, Bogenstraße 4–6, 27322 Solingen bei Minden, Telefon: 04271/94 00 (30 bis 40 Prozent); Romika GmbH, Karl-Benz-Straße 2–4, 54292 Trier, Telefon: 0651/20 40; Rieker Schuh GmbH, Gänsacker 31, 78532 Tuttlingen, Telefon: 07452/20 10; Gallus Herrenschuhe, Kampweg 1, 41751 Viersen Dülken, Telefon: 02162/4 80 50 (bei 2. Wahl 40 Prozent und mehr); Sioux Schuhfabriken Peter Sapper GmbH, Finkenweg 2–4, 74399 Walheim, Telefon: 07143/37 10 (bis zu 40 Prozent).*
Internet-Adressen:
http://www.edmeier.de; http://www.goertz-schuhe.de.

Second-Hand

Second-Hand-Geschäfte müssen keineswegs verstaubte Alternativläden sein. Es gibt Second-Hand-Kaufhäuser, die praktisch alles verkaufen, und solche, die sich auf bestimmte Artikel (Sport, Kleidung, Schuhe usw.) spezialisiert haben – die jeweiligen Adressen findet man in den regionalen Gelben Seiten, durch aufmerksames Lesen von Anzeigen in der Tageszeitung oder durch Mundpropaganda. Seit einiger Zeit schießen immer mehr Kinder-Second Hand-Läden aus dem Boden (Adressen siehe → Kindersachen), die besonders sinnvoll sind, da die Kleinen schnell aus allem herauswachsen.
Spezialtip: Mitarbeiter von großen Versandhäusern (Quelle, Bauer, Neckermann, Schöpflin, Heine und andere) oder Elektromärkten (z.B. Saturn Hansa, Media Markt, Pro Markt, Conrad) bekommen von ihren Arbeitgebern für Privateinkäufe Preisnachlässe von bis zu 25 Prozent, für Produkte mit Lack- oder Verpakkungsfehlern sogar noch mehr. Wenn Sie eine größere Anschaffung planen, inserieren Sie (kostenlos!) z.B. in *Kurz und fündig*, daß Sie ein neues Gerät mit Lackfehler o.ä. suchen. Oft melden

sich daraufhin Mitarbeiter von Versandhäusern, die ein bestimmtes Gerät originalverpackt besitzen und es nun unter Ladenpreis weiterverkaufen wollen. Man beachte auch die zahlreichen „Lackfehler"-Kleinanzeigen in regionalen Tageszeitungen! Das Ganze ist juristisch absolut einwandfrei, denn es wird niemand geschädigt. Das Versandhaus wird seine Ware los und verdient noch immer dabei, Sie bekommen ein Gerät (weit) unter Ladenpreis, und der Angestellte fungiert als eine Art Zwischenhändler mit geringer „Provision". Den gleichen „Trick" kann man übrigens auch sehr gut bei → Autos und → Motorrädern anwenden – hier sind Lackfehler oder andere kleinere Fabrikationsmacken ziemlich häufig. Diskretion ist hier alles!

Hier einige interessante Second-Hand-Adressen: Second-Hand-Boutique No. 2, Annapassage 8–10, 81679 Augsburg, Telefon: 0821/3 75 70; Second-Hand Noblesse, Steinstraße 35, 40210 Düsseldorf, Telefon: 0211/32 97 22; Second-Hand-Check Out, Blücherstraße 24, 40477 Düsseldorf, Telefon: 0211/4 45 44; Second-Hand-Boutique, Grüneburgweg 7, 60322 Frankfurt, Telefon: 069/5 97 28 87; Second-Hand-Luckow, Rennbahnstraße 29, 22111 Hamburg, Telefon: 040/6 51 94 24; Second-Hand-Kaufhaus, Gottfried-Keller-Straße 9, 78467 Konstanz, Telefon: 07531/5 77 37; Second-Hand-Hi-Fi, Hansestraße 105, 23558 Lübeck, Telefon: 0451/86 23 05; Second-Hand-Boutique, Siegesstraße 20, 80802 München, Telefon: 089/39 20 23; Second-Hand-Wundertüte, Pirckheimer Straße 109, 90409 Nürnberg, Telefon: 0911/55 90 70; Second-Hand-Laden, Eibacher Hauptstraße 32, 90451 Nürnberg, Telefon: 0911/64 69 01; Second-Hand La Seconda, Schleifmühleweg 76, 72070 Tübingen, Telefon: 07071/4 50 74; Second-Hand Legere, Neugasse 21, 65183 Wiesbaden, Telefon: 0611/37 48 23.

Skiausrüstung *(→ Skier)*

Skier

Wie bei so vielen anderen Gegenständen gilt auch hier die Regel: antizyklisch kaufen – was heißt: unbedingt bis nach dem Winterschlußverkauf warten! Im März und April sind Skier, Bindungen, Skistöcke, Snowboards, Bigfoots, Anoraks, Mützen usw. am billigsten. Preisabschläge bis zu 50 Prozent sind oft drin bei → Auslaufmodellen, „Zweite-Wahl-Artikeln" (z.B. Lackfehler, leichte Schramme) und beim Fabrikverkauf (Adressen siehe unten). Ein Geheimtip sind die Skiausrüstungsverleiher in Urlaubsorten (z.B. Galtür, St. Anton, Ischgl, Kitzbühl, Garmisch-Partenkirchen), die zum Ende der Saison wegen der hohen Lagerkosten ihre Bestände manchmal zu Spottpreisen verramschen – hier ist das Angebot riesig und die Konkurrenz enorm. Auch ein Anruf beim Bayerischen Skiverband *(Bayerischer Skiverband e. V., Georg-Brauchle-Ring 93, 80992 München, Telefon: 089/15 70 23 25)* kann bisweilen erfolgversprechend sein – er vermittelt anläßlich Sonder- bzw. Werbeaktionen hin und wieder Restbestände und → Auslaufmodelle an skibegeisterte Kids. Einfach öfters probieren und nerven (PR-Aktionen erfragen!). Ein weiterer Tip sind die Ski-Basare, die etliche Skiclubs zu Beginn der Wintersaison regelmäßig veranstalten. Auch ein kurzer Anruf in diversen Second-Hand-Kaufhäusern kann sich lohnen (Adressen und Telefonnummern siehe → Second Hand).

Eine andere Möglichkeit, günstig an hervorragende Winterartikel zu kommen, ist, sich als Amateurtester bei großen Firmen (K2, Völkl, Atomic usw., Adressen siehe unten) oder bei diversen Verbraucherzeitschriften (*Plus, Stiftung Warentest, Guter Rat*) zu bewerben – mit etwas Glück wird man ausgewählt. Auf diese Weise probiert man stets die neuesten Modelle aus – Profi-Sportler müssen Sie dafür nicht sein, die Herstellerfirmen wollen schließlich in erster Linie wissen, wie ihre neue Produktpalette bei „Otto Normalverbraucher" ankommt. *Die besten Fabrikadressen: Erbacher, Heinrich-Hammer-Straße 6, 89155 Erbach, Telefon: 07305/91 99 91 oder 17 60 (bis zu 50 Prozent); Völkl Sportartikelfabrik, Brunfeldstraße 4, 94327 Bogen, Telefon: 09422/63 27 (bis zu 40 Prozent); Head, Velaskostraße 8, 85622 Feldkirchen, Telefon: 089/15 70 23 25 (bis zu 50 Prozent); Atomic, Gewerbestraße 1, 83404 Ainring bei Rosenheim, Telefon: 08654/4 88 40; Sport- und Freizeitbekleidung (Skiausrüstungen, z.B. Restposten oder aus Konkursbeständen), Aubinger Weg 55, 82178 Puchheim/Bhf. bei München, Telefon: 089/80 77 37 (bis 80 Prozent).*

Wer sich als Tester bewerben will, nimmt Kontakt zu verschiedenen Testzeitschriften auf, u.a. mit „Guter Rat", Postfach 480, 10126 Berlin, Fax: 030/23 87 63 95, E-Mail: post@guter-rat.de, http://www.guter-rat.de; Zeitschrift „PLUS", Vereinigte Motor-

Verlage GmbH & Co.KG, 70162 Stuttgart, Telefon: 0130/85 44 33 oder 1 82 01.

Skifahren

Wer seine Schwünge in den mondänen Wintersportmetropolen zieht, ist selber schuld. Hier wird einem das weiße Vergnügen durch die astronomischen Preise für Unterkunft, Lift und Essen schnell verdorben – von dem Dauerstau auf den Zufahrtsstraßen, Skipisten und Liftanlagen ganz zu schweigen. Besser ist das Erzgebirge oder das Elbsandsteingebirge, absolute Geheimtips sind das tschechische Riesengebirge oder Slowenien (z.B. Planica oder Kranjska Gora). Hier belaufen sich die Kosten für Unterbringung, Liftanlagen usw. etwa auf ein Drittel dessen, was man in Süddeutschland, Österreich und Südtirol kalkulieren muß. Die Pisten sind ordentlich präpariert und die Schneeverhältnisse durchwegs gut. Hinzu kommt, daß die Leute sehr gastfreundlich sind. Empfehlenswerte Orte im Erzgebirge: Oberwiesenthal, Johanngeorgenstadt, Seiffen, Klingenthal, Lückendorf (Zittauer Gebirge). Weitere Alternative: Bigfoot-Fahren. Diese breiten Kurzskier kann man sich an vielen Skiorten für 10 DM ausleihen, eine Bindung ist nicht nötig, man schnallt die Dinger einfach am Winterschuh (besser: Skischuh) fest und braust damit den Hang hinab. Weiterer Vorteil: Die Verletzungsgefahr ist praktisch null, da die Geschwindigkeit moderater ist als beim Snowboarden und Skifahren und aufgrund der Kürze der Bretter auch für Anfänger kaum Verkantungsgefahr besteht.

Snowboard *(→ Skier)*

Spielwaren

Hypermoderne Barbie-Puppen oder Zwei-Meter-Riesenteddys sind nicht nur extrem teuer, sondern außerdem pädagogisch umstritten. Kinder können sehr gut auf solches Luxus-Spielzeug verzichten, wenn man ihnen Spielsachen anbietet, die Kreativität und Phantasie fördern. Sinnvolle Spielwaren, die nur wenig kosten, sind Holzklötze bzw. Bausteine, Buntstifte, Glasmurmeln, Spielkarten, Puzzles, Würfelspiele, Baukästen usw. In Anzeigenblättchen gibt es regelmäßig einen großen Gebraucht-Spielwarenmarkt, auch Second-Hand-Kaufhäuser (Adressen → Second-Hand) haben oft große Spielwarenabteilungen. Wer auf der Suche nach exklusiveren Spielsachen oder hochwertigen allergenfreien Plüschtieren ist, sollte sich hauptsächlich in Spielwarenfabriken eindecken – dort sind Preisnachlässe bis zu 50 Prozent gegenüber dem Ladenpreis möglich. *Hier einige Adressen: Simba Toys, Werftstraße 1, 90765 Fürth; Steiff, Alleenstraße 2, 89527 Giengen, Telefon: 07322/13 11 (30 Prozent bei regulärer Ware); Lizzy Spielwaren, Thüringer Straße 1, 96465 Neustadt, Telefon: 09568/ 21 66 67 (30 bis 40 Prozent); Playmobil, Frankfurter Straße 22, 90513 Zirndorf, Telefon: 0911/9 66 60 (bis zu 50 Prozent).*

Sport *(→ Fitneß)*

Sportartikel

Bei den meisten Sportartikeln lohnt es sich wegen des relativ schnellen Verschleißes selten, auf dem Gebrauchtmarkt zuzuschlagen – lediglich bei → Skiern, Skistiefeln, Snowboards, Tennisschlägern und Fahrrädern kann der → Second-Hand-Weg sinnvoll sein. Grundsätzlich ist der Kauf ab Fabrik die beste Möglichkeit, sich preiswert einzudecken. *Die besten Fabrikverkaufadressen: Erbacher (Ski und Tennis), Heinrich-Hammer-Straße 6, 89155 Erbach, Telefon: 07305/91 99 91 (bis zu 50 Prozent); Cycledelic, Stadtstraße 9, 79104 Freiburg, Telefon: 0761/ 2 92 18 68; Adidas, Schießhausstraße 1, 91074 Herzogenaurach, Telefon: 09132/84 20 46 (bis zu 50 Prozent); Sport Bittl, Georg-Reismüller-Straße 5, 80999 München, Telefon: 089/89 21 90 (Internet: http://www.bittl.de); Dehler Yachtbau, Im Langel 22, 59872 Meschede, Telefon: 02903/44 00; Puma, Klingenhofstraße 70, 90411 Nürnberg, Telefon: 0911/5 27 29 10 (bis zu 70 Prozent); Sport Scheck, Orleansstraße 11, 81669 München, Telefon: 089/ 44 90 03 41 (bis zu 70 Prozent); Klepper, Klepperstraße 18, 83026 Rosenheim, Telefon: 08031/1 40 24 (um die 30 Prozent); Radsport Brügelmann, Oberliederbacher Weg 42, Sulzbach, Telefon: 06196/ 75 00 74 (bis zu 40 Prozent).* Siehe auch → Fitneß und → Skiausrüstung.

Sportveranstaltungen *(→ Eintrittskarten)*

Spülmittel *(→ Waschmittel)*

Stand-by-Betrieb

Die wenigsten wissen, daß auch Geräte im Stand-by-Betrieb (Bereitschaft) Strom verbrauchen – natürlich weniger, als wenn sie eingeschaltet sind. Hier eine kleine Auflistung der jährlichen → Stromkosten im Stand-by-Betrieb (nach *Guter Rat*): Radiowecker = 5 DM, Anrufbeantworter = 16 DM, Elektroherd = 22 DM, Farbfernsehgerät (vier Stunden pro Tag) = 40 DM; PC mit Farbbildschirm (Bildschirmschoner vier Stunden pro Tag) = 30 DM, Videorekorder = 35 DM, Stereoanlage = 32 DM, Tintenstrahldrucker = 44 DM, Empfänger der Satellitenschüssel = 79 DM. Ziehen Sie Ihre Konsequenzen – und den Stecker raus!

Staubsauger

Hier gilt dasselbe, was bereits bei → Elektrogeräten und → Computern festgestellt wurde: Der Griff zu → Second-Hand-Ware, → Remittenden oder → Auslaufmodellen spart bis zu 40 Prozent des Neupreises. In kleineren Wohnungen wird man ohnehin leicht mit den konventionellen Raumreinigern „Schaufel und Besen" auskommen. Übrigens: Kleine Akku-Staubsauger gibt es neu schon für ca. 60 DM (z.B. Sonderangebote beim Versandhaus „Quelle").

Steuern

Wenn man bedenkt, daß jeder dritte Steuerbescheid zu Ungunsten des Steuerzahlers falsch ist, wird klar, warum sich ein Einspruch durchaus lohnen kann. Wer auch nur in einem Punkt an der Richtigkeit seines Steuerbescheides zweifelt, sollte schriftlich innerhalb der Einspruchsfrist (vier Wochen) formlos Einspruch einlegen – das kostet nichts und ist auch nicht schwierig. Auch nach Ende der Einspruchsfrist gibt es noch Möglichkeiten, den Steuerbescheid ändern zu lassen – und zwar bei Flüchtigkeitsfehlern (z.B. Zahlendreher, Rechen-Übertragungsfehler) oder wenn man unverschuldet die Einspruchsfrist versäumt hat (z.B. längere Krankheit, Urlaub). In diesem Fall stellt man einen „Antrag zur Einsetzung in den vorherigen Stand" – wie es im Amtsdeutsch heißt. Wer Hilfe bei seiner Steuererklärung braucht, kann sich an die regionalen Steuerhilfe-Vereine (Bundesverband der Lohnsteuerhilfevereine in Bonn, Telefon: 0028/4 21 03 03; weitere Adressen im Branchenbuch), die Steuerberatungs-Hotline (Telefon: 0190/ 87 32 44, 3,63 DM pro Minute) oder an die Zentrale des Deutschen Steuerberater-Verbandes (Telefon: 0228/98 59 40) wenden – letzterer vermittelt Adressen von über 2.000 niedergelassenen Steuerberatern (ohne Qualitätsgarantie!). Beim Steuerberater kommt man allerdings selbst im einfachsten Fall kaum unter 300 bis 500 DM davon. Ärgerlich, wenn die Rückerstattung dann zum Großteil vom Honorar aufgefressen wird oder man sogar draufzahlt. Günstiger sind Lohnsteuerhilfevereine. Für 80 bis 100 DM Mitgliedsbeitrag pro Jahr kümmern sie sich um den kompletten Papierkrieg, berechnen die Erstattung, legen gegebenenfalls Einspruch ein und übernehmen auch die rechtliche Vertretung im Streitfall. Aber: Die Vereine dürfen nicht jeden Fall übernehmen. Wer z.B. Einkünfte aus selbständiger Tätigkeit, hohe Kapitaleinkünfte oder Mieteinnahmen hat, braucht einen Steuerberater – oder ein Steuerfachbuch. Hier die besten Titel: *Garantiert Steuern sparen, München, Südwest Verlag (19,80 DM); 1.000 ganz legale Steuertips, München, Droemer Knaur (9,80 DM);* sie werden jährlich aktualisiert und enthalten wirklich manchen wertvollen Tip (inklusive zahlreicher Beispiele). Wer einen Computer besitzt, kann seine Steuererklärung sogar selbst professionell ausdrucken. PC-Programme der neuen Generation (zwischen 19 und 98 DM) sind kinderleicht zu bedienen. Der Computer stellt Fragen und man braucht eigentlich nur die richtigen Antworten in die Fenster der Bedienoberfläche einzugeben. Die Programme helfen dabei mit nützlichen Erklärungen und aktuellen Tips. Dabei werden alle für den entsprechenden Steuerfall relevanten Daten abgefragt. Die Programme weisen sogar auf eventuelle Fehler und Ungereimtheiten hin. Jedes Jahr kann für wenig Geld ein Update gekauft werden. Die Steuererklärung kann sogar auf einem vom Programm erstellten Formular, das den amtlichen Vordrucken genau entspricht, ausgedruckt und abgeschickt werden – inzwischen erkennen alle Finanzämter diese Ausdrucke an. *Hier die acht derzeit besten Programme: Capital Steuern (69 DM), http://www.capital.de/steuern, Telefon: 0180/5 24 64 64; Steuer-Manager (98 DM), http://www.tk-software.de, Telefon: 02102/*

86 29 00; Taxman (78 DM), http://www.lexware.de, Telefon: 0761/ 4 70 46 20; Quicksteuer 2000 (49 DM), http://www.quicksteuer.de, Telefon: 0180/5 24 43 98; Steuerspar-Paket (29,80 DM), http://www.databecker.de, Telefon: 0211/9 31 02; Steuertips-PC (30 DM), http://www.akademische.de, Telefon: 0621/8 62 62 00; WISO-Sparbuch, http://www.uhl.de, Telefon: 0180/5 35 45 51; Steuer 2000 (Das Einkommensteuer-Programm von ALDI, mit Hotline-Service, 12,98 DM).

Stereoanlage

Während bei der Firma Burmester ein Verstärker 60.000 DM oder bei Bang & Olufsen ein CD-Player 30.000 DM kostet, gibt es bei ALDI schon manchmal Gettoblaster mit CD-Player für 199 DM – natürlich ist die Leistung geringer, aber wer nicht unbedingt auf einen Super-Studio-Sound Wert legt, kommt hier durchaus auf seine Kosten. *Guter Rat* hat diese Super-Dumping-Angebote getestet und stellt fest: „Anlagen, bei denen Verstärker, Radio und CD-Player in einem Gerät vereint sind, haben einen guten Sound, der sich hören lassen kann. Dennoch reichen sie nicht an den der großen Hifi-Anlagen heran, weil die Einzelkomponenten eine eigene Stromversorgung haben und so mehr Schaltungsmöglichkeiten für die Technik eröffnen. Unser Urteil: Billiganlagen können zwar gut sein, sind aber mehr etwas als Zweitgerät fürs Schlafzimmer." High-Fidelity-Anlagen kann man aber auch gebraucht kaufen: Eine fünf Jahre alte Stereoanlage beispielsweise ist beim heutigen Stand der Technik praktisch neuwertig. Die Presseabteilung des *Media Marktes* beziffert die durchschnittliche Lebensdauer von hochwertigen Stereoanlagen mit bis zu 40 Jahren – man sucht entweder in Anzeigenblättern oder im Second-Hand-Fachgeschäft, z.B. bei: *Second-Hand-TV und HiFi, 86129 Augsburg, Telefon: 0821/5 24 46; Second-Hand-Shop TV-HiFi-Video, Lindenstraße 3, 08371 Glauchau, Telefon: 03763/1 52 13; Second-Hand-Hi-Fi, Hansestraße 105, 23558 Lübeck, Telefon: 0451/86 23 05.*

Stifte *(→ Büromaterial)*

Stromanbieter

Seitdem im August 1999 das deutsche Strommonopol „gefallen" ist, kann prinzipiell jeder seinen Strom dort kaufen, wo er am billigsten ist – genaugenommen sogar im Supermarkt beim Erwerb eines Elektrogerätes. Lohnt es sich aber derzeit schon, den Stromanbieter zu wechseln? Bei Redaktionsschluß war diese Frage noch zu verneinen. Der größte deutsche Stromanbieter, die rheinisch-westfälische RWE, senkte noch im selben Monat ihre Preise für Privatstrom um 20 Prozent, andere große Anbieter (z.B. Isar-Amperwerke) werden in den nächsten Monaten nachziehen (müssen). Den Verbraucher freut's. Wer allerdings zu einem Dumping-Anbieter wechseln will, braucht in den meisten Fällen einen eigenen Stromzähler, der um die 1.000 DM kosten kann. Das will gut durchgerechnet sein, zumal der Anbieter, der heute noch der billigste ist, bei dem hart umkämpften Strommarkt morgen schon einer der teuersten sein kann. Wen's dennoch interessiert, der kann sich von den Verbraucherberatungsstellen (z.B. Verbraucherzentrale Hamburg, Telefon: 040/24 83 22 30 oder Verbraucherzentrale Nordrhein-Westfalen, Telefon: 0211/72 35 96) gegen einen geringen Unkostenbeitrag (derzeit 4,50 DM plus 2,20 DM Rückporto) die neuesten Infos zuschicken lassen.
Das Bayernwerk bietet zwei Tarife an. Beim „Power-Privat"-Tarif für Singles und Zwei-Personen-Haushalte zahlt der Kunde einen Grundpreis von 4,95 DM im Monat und 28,5 Pfennig je Kilowatt-Stunde (kWh). Die Stadtwerke haben dafür den Namen „Variante 1" kreiert. Beim „Power-Familie"-Tarif des Bayernwerks gilt ein Grundpreis von 17,95 DM und 23 Pfennig je Kilowatt-Stunde. Die Stadtwerke nennen das Angebot „Variante 2". Für Kunden mit einem Jahresstromverbrauch bis 2850 Kilowatt-Stunden ist die Variante 1 oder Power-Privat-Modell günstiger. Bei Redaktionsschluß war der Anbieter Yello Strom der günstigste Versorger. Wer aber zu Yello Strom wechselt, muß sich mindestens ein Jahr lang an diesen Anbieter binden. Bayerwerk und der Essener Strommulti RWE beispielsweise haben nur eine dreimonatige Kündigungsfrist. Wer wechseln will, kann sich an die Hotlines wenden. Bayernwerk, Telefon: 0800/20 30 403, RWE, Telefon: 0180/1 23 40 00, ARES, Telefon: 0180/500 17 18, Yello, Telefon: 0800/19 00 19. *Internet: http://www.stromtabelle.de; stromagentur.com.*

Und hier eine Übersicht der aktuellen Strompreise bei Redaktionsschluß:

	Grundpreis pro Monat	Preis pro kWh in Pfennig	Jahrespreis für Singles (2000 kWh-Verbrauch)	Jahrespreis für Familie (4000 kWh-Verbrauch)
Ares	5	28	620 DM	1180 DM
Bayernwerk	4,95 (Variante 1), 17,95 (Variante 2)	28,5 (Variante 1), 23 (Variante 2)	629 DM	1135,40 DM
Isar-Amper-Werke	17,05	28,77	780 DM	1355,40 DM
RWE	11,57	25,9	658,84 DM	1178,84 DM
Stadtwerke München	4,95 (Variante 1) 17,95 (Variante 2)	28,5 (Variante 1), 23 (Variante 2)	629,40 DM	1135,40 DM
Yello Strom	19	19	608 DM	988 DM

Stromkosten

Wußten Sie, daß 13 bis 15 Prozent des Stroms in deutschen Haushalten durch Geräte im → Stand-by-Betrieb verbraucht werden? Das ist mehr, als die Metropole Berlin in einem ganzen Jahr an Strom benötigt. Ein Fernsehgerät beispielsweise benötigt im Stand-by-Zustand noch mindestens sechs Watt je Stunde. Wer sein Fernsehgerät auch nur vier Stunden täglich stand-by geschaltet hat, erhöht seine Stromrechnung nach Berechnungen des Verbrauchermagazins *Guter Rat* damit um rund 40 DM pro Jahr. Gerade in diesem Punkt besteht für normale Haushalte ein enormes Einsparpotential. Während ich als Single knapp 1.000 DM Stromkosten im Jahr hatte, beläuft sich meine jetzige Stromrechnung in einem Zwei-Personen-Haushalt auf gerade mal die Hälfte – und das, obwohl ich als Selbständiger fast immer zu Hause bin und den ganzen Tag der Computer läuft. Wie ist das möglich? Ganz einfach: Wir sortierten alle „Stromfresser"-Geräte aus (dazu gehörten in unserem Fall Tiefkühltruhe/Eisfach, Aquarium, zusätzliches Heizgerät, Synthesizer, Umlauferhitzer) bzw. reduzierten den Gebrauch: T-Shirts, Schlafhemden, Unterwäsche, Sportbekleidung und vieles mehr braucht z.B. nicht gebügelt zu werden, der Kühlschrank wird ausgesteckt, wenn man übers Wochenende weg ist, Stand-by-Betrieb wird möglichst vermieden usw.

Wen's interessiert: Verbraucherberatungsstellen (z. B. Verbraucherzentrale Hamburg, Telefon: 040/24 83 22 30 oder Verbraucherzentrale Nordrhein-Westfalen, Telefon: 0211/72 35 96) verschicken gegen einen Unkostenbeitrag von 4,50 DM und 2,20 DM Rückporto) spezielle Stromspar-Broschüren. Weitere Tips, Infos und Anregungen geben die regionalen Verbraucherzentralen (Adressen siehe → Verbraucherzentralen).

Stromverbrauch *(→ Stromkosten)*

Studentenausweis

Mit diesem Papier erhält man bei vielen Veranstaltungen und Museen verbilligten Eintritt. Je nachdem, wie unternehmungslustig man ist, kann es sich auch für Nicht-Studenten lohnen, sich an einer Universität einzuschreiben und den Immatrikulationsbeitrag (je nach Hochschule verschieden) zu bezahlen. Ein individuelles Rechenexempel!

Süßigkeiten

Wer auch nur eine Tafel Schokolade pro Tag verzehrt, ist im Jahr mit etwa 600 DM dabei (bei der teureren Schweizer Schokolade sogar das Doppelte). Diesen Betrag kann man sparen, wenn man sich einschränkt oder Süßigkeiten selber macht. Entsprechende Rezepte findet man in einschlägigen Zeitschriften (in der Bücherei ausleihen!), man kann seine Fantasie aber auch selbst spielen lassen. Langfristig fährt man so auf jeden Fall billiger, als wenn man die Süßigkeiten im Laden kauft. Und wer's nicht lassen kann, sollte sich im Fabrikverkauf der Süßigkeitenfirmen eindecken. *Hier einige Adressen für Fabrikverkauf: Centis GmbH und Co. (Marmelade, Konfitüre usw.), Jülicher Straße 125, 52070 Aachen (bis zu 50 Prozent); Haribo GmbH und Co. KG, Hans-Riegel-Straße 1, 53129 Bonn, Telefon: 0228/53 71 (bis zu 30 Prozent); Bahlsen Keksfabrik, Gretz-Jürgens-Straße 12, 30655 Hannover; Telefon: 0511/96 00 (bis zu 30 Prozent); De Beukelaer Biscuits, Arnoldstraße 62, 47906 Kempen, Telefon: 02152/14 10 (mindestens 50 Prozent); Eismann Tiefkühlshop, Seibelstraße 36, 40822 Mettmann, Telefon: 0204/21 90 (bis zu 70 Prozent); Schöller Lebensmittel (Eiswaren, Kuchen), Bucher Straße 137, 90419 Nürnberg, Telefon: 0911/93 80 (bis zu 50 Prozent, Bruchware noch günstiger).*

T

Tanken

Kraftstoff wird in den nächsten Jahren voraussichtlich deutlich teurer werden. Daher sollte man schon beim → Autokauf auf einen möglichst niedrigen Spritverbrauch achten. Laut einer ADAC-Untersuchung lagen die tatsächlichen Spritverbrauchswerte fast immer über den offiziellen Herstellerangaben – diese errechnen ihre Zahlen nach dem „Neuen europäischen Fahrzyklus" (NEFZ). Dabei werden nur eine Stadtfahrt und eine Tour bei 120 km/h berücksichtigt. Das entspricht jedoch selten einer realistischen Nutzung. Bei Redaktionsschluß war der 3-Liter-Diesel-Lupo von VW bzw. der Smart (3,2 Liter) der sparsamste. Der Lupo besitzt ein neuartiges Getriebe und ein aufwendiges Leichtbaufahrgestell. Für Vielfahrer (ab 20.000 Kilometer pro Jahr) ist der direkteinspritzende Diesel kaum zu schlagen. Wer jedoch wenig fährt, wird bei den hohen stationären Kosten des Diesel-Lupo D (Steuer, Versicherung) draufzahlen. *Hier die ADAC-Hitliste der besten Spritsparer: Lupo (3,1 Liter), Smart (3,2 Liter Diesel), Opel Corsa 1.0, Peugeot 406 HDI, Daihatsu Cuore, Seat Arosa 1.0, VW Polo 1.0 bzw. 1.3, Seat Ibiza 1.9 SDI, Citroen Saxo 1.5, Renault Megané CL, Renault Twingo 1.2, Suzuki Alto, VW Passat TDI, BMW 320 D (alle angeblich unter sechs Liter auf 100 Kilometer; Stand: Oktober 1999).*

Daß man nur bei freien Tankstellen → Benzin zapfen sollte, versteht sich von selbst. ADAC-Experten versichern, daß das teurere Markenbenzin um kein Oktan besser (→ Autofahren) ist. In Europa ist → Benzin im ehemaligen Ostblock (Polen, Tschechien, Slowakei, Slowenien) am billigsten, in Spanien, Frankreich und Italien am teuersten; Deutschland liegt im Mittelfeld. Bei Redaktionsschluß (Herbst 1999) lag die billigste Tankstelle im Bundesgebiet im fränkischen Bamberg, wo der Liter Dieselkraftstoff in einem Verbrauchermarkt 95,9 Pfennige kostete. Normalbenzin lag bei 1,36 DM, Super bei 1,39 DM. Weil die Tankstellen hier seit Jahren einen erbitterten Preiskrieg ausfechten, kostet in Bamberg der Liter rund 20 Pfennig weniger als im deutschen Durchschnitt. Verantwortlich für diese Talfahrt der Benzinpreise ist eine Fehde zwischen freien Tankstellen und großen Konzernen. Viele Besitzer von Supermarkt-Tankstellen haben es sich in den Kopf gesetzt, immer drei Pfennige billiger zu sein als Shell, Esso, DEA, Aral usw. Das wiederum wollen die Marken-Tankstellen nicht durchgehen lassen – und so schraubt sich der Preis zur Freude der Verbraucher nach unten. Spezialtip: Reifen mit geringerem Rollwiederstand (z.B. *Michelin Energy)* helfen Sprit zu sparen – bei 20.000 gefahrenen Kilometern pro Jahr bis zu 100 DM.

Taschentücher

Papiertaschentücher kosten zwar nicht die Welt, aber dennoch ist das gute alte Stofftaschentuch angenehmer für die Haut; außerdem ist es kostengünstiger und überdies umweltverträglicher. Sein einziger Nachteil ist der Hygieneaspekt und daß es ab und zu gewaschen werden muß. Die mit Abstand beste Lösung ist freilich Toilettenpapier, das man als Taschentuch zweckentfremden kann. Der „Putzeffekt" ist derselbe, und auch Hygienefanatiker kommen auf ihre Kosten. Das beste Preis-Leistungsverhältnis bieten derzeit die vierlagigen Papiertaschentücher von „Plus" zum Preis von 2,99 DM. Sie sind damit um eine Mark preiswerter als „Tempo" (ebenfalls vierlagig), qualitativ ist jedoch kein Unterschied feststellbar.

Tauschen

Tauschen statt zahlen lautet die Devise! 10 DöMak fürs Haareschneiden, 15 DöMak für eine Theaterkarte – das hört sich an wie sächsisches Monopoly, ist es aber nicht. Die DöMak ist vielmehr die Währung in einem der ältesten deutschen Tauschringe *(nach: Geldidee 12/1998).* Das Prinzip der Tauschbörsen ist folgendes: Gibst du mir Nachhilfe in Englisch, mache ich dir deine Gartenarbeit – reparierst du mein Auto, backe ich dir eine Sahnetorte und so weiter. Wieviel welche Leistung wert ist, machen die Tauschenden untereinander aus. Vielleicht finden Sie ja in Ihrer Umgebung Freunde, Bekannte oder Nachbarn, die gerne Dienstleistungen mit Ihnen tauschen und damit Geld sparen wollen. Falls nicht, steigen Sie einfach in einen Tauschring in Ihrer Nähe ein.

Informationen gibt es bei: *Michael Wünstel, Gartenstraße 28, 76770 Hatzenbühl, Faxabruf: 07275/9 18 91 29 00, E-Mail: Michael.wuenstel@t-online.de. Internet: http://www.tauschring.de.*

Telebanking

Über 1.000 Kreditinstitute bieten inzwischen elektronische Kontoführung zum Nulltarif an – ein Service, der Zeit, Geld und Papier erspart. Per PC, Modem/Telefon und Code lassen sich bequem alle Bankgeschäfte tätigen. Da der interaktive Anschluß einen ISDN-Anschluß oder zumindest ein modemfähiges Endgerät erfordert, nutzen diesen Service bundesweit nur etwa 40.000 Kunden. Doch Vorsicht: Trotz gegenteiliger Beteuerungen der Banken und der Inline-Betreiber passiert es immer wieder, daß sich Hacker einklinken und das Konto leerräumen – Banken übernehmen für diesen Fall keinerlei Haftung! Genauso günstig, dafür aber sicherer: das kostenlose → Girokonto.

Telefonieren

Preisvergleichsafari, Tarifdschungel, Vertragsfallen: Viele Telefonkunden zahlen zuviel, weil ihnen das Sparen zu mühsam ist. Dabei geht es relativ einfach, wenn Sie folgende Tips beherzigen. *Erstens:* Der *Billiger-leben*-Fan ruft nicht an, er läßt sich anrufen. *Zweitens:* Will er mit anderen in Kontakt treten, schickt er allenfalls ein kurzes Fax – oder telefoniert kostenlos! Wie das geht? Das Zauberwort heißt „werbefinanziertes Telefonieren"! Und so funktioniert es: Der Teilnehmer wählt die Netzvorwahl des Berliner Anbieters „Teleflash": 0800/0 10 01 00, dann die Ortsvorwahl und die Rufnummer. Alle eineinhalb Minuten läuft ein 5 bis 20 Sekunden langer Werbespot. Wer also kürzer als 90 Sekunden telefoniert, kann seine Botschaft zum Nulltarif loswerden. Einziger (allerdings vertretbarer) Haken: Interessenten müssen sich vorher unter 030/20 92 40 38 anmelden und eine einmalige Gebühr von 38 DM überweisen. Dann dauert es acht Wochen, bis Teleflash den Anschluß freigeschaltet hat. Wer einen analogen Telefonanschluß hat, muß bei der Telekom eine Digital-Rufnummer beantragen. Das ist kostenlos. *Drittens:* Wen die ständigen Werbeunterbrechungen nerven, kann sich den jeweils billigsten Telefonanbieter heraussuchen – die ständig aktualisierte Faxabrufnummer der Verbraucherzentrale Nordrhein-Westfalen (Telefon 0190/51 00 10 10 05; 1,21 DM pro Minute) oder die *Stiftung-Warentest*-Hotline (Telefon: 0180/5 88 76 84 00 oder 0190/51 00 10 85 01) machen es möglich. Alternative: eine an das Telefon gekoppelte „Preselection-Software" für den PC (z.B. Microsoft „Preselect", 99 DM) mit Updategarantie – bei Vieltelefonierern sind die Anschaffungskosten schnell amortisiert. Auch im Internet gibt es einige Anbieter, die kostenlos Preisvergleiche zum Download anbieten. Hier einige Adressen:

http://www.swf3.de/onlinecounter (sucht die günstigste Telefonverbindung heraus);

http://www. telworld.com/callbycall (Programm zum Download, das die günstigste Telefonverbindung heraussucht).

Wer seine Gespräche über ein anderes Netz als das der Telekom führen möchte, braucht dafür seinen Telefonanschluß nicht zu kündigen. Er muß keinen neuen Apparat kaufen und kann auch seine bisherige Rufnummer beibehalten. Man muß nur eine zusätzliche Vorwahlnummer wählen. Billigster Anbieter derzeit: Call Callino – 11 Pf. pro Minute (8–18 Uhr), keine Voranmeldung, keine Grundgebühr, kein Mindestumsatz. Precall-Number 01075. Weitere Anbieter:

Anbieter	**Sparvorwahlnummer (Pre-Select-Number)**
ACC	01049
Arcor	01070
Deutsche Telekom	01033
Debitel	01018
HanseNet	01041
Interroute Telekom	01066
M'net	01089
Mobilcom	01019
O.TelefonO	01011
PlusNet	01040
RSLCom	01012
Talkline	01050

Anbieter	Sparvorwahlnummer (Pre-Select-Number)
Teldafax	01030
Telepassport	01024
Viag Interkom	01090
Westcom	01085

Achtung: Die Tarife ändern sich ständig. Bislang waren Mobilcom und Teldafax tagsüber meist am günstigsten.

Theater *(→ Eintrittskarten)*

Tiere/Tierkauf/Tierhaltung *(→ Haustiere)*

Töpfe *(→ Elektroherd, → Kochtopf)*

Toilettenpapier

Hier sollte man nicht am falschen Ende sparen! Die Preisspanne der im Handel befindlichen Produkte beträgt nur wenige Mark, man spart aber unter dem Strich nichts, wenn man zum billigsten Produkt greift. Denn: Je dünner das Papier, desto höher der Verbrauch. Besser, man kauft ein mehrlagiges, qualitativ hochwertiges Toilettenpapier, als daß man sich permanent ärgern muß, weil es reißt und Flüssigkeit schlecht saugt. Toilettenpapier ist übrigens eine optimale Alternative zu (den wesentlich teureren und alles andere als umweltverträglichen) → Papiertaschentüchern und Küchenrollen. Der Putzeffekt ist exakt derselbe, die Kosten sind jedoch deutlich geringer.

Toilettenspülung

Während laut Statistik jeder Deutsche bei der herkömmlichen Toilettenspülung täglich rund 45 Liter Wasser wegspült, besteht bei modernen Spülungen mit der Stoptaste pro Jahr und Person ein Einsparpotential von insgesamt knapp 10.000 Litern. In Zählbarem macht das rund 85 DM weniger Wasserkosten in zwölf Monaten. Das Geld kann man für sinnvollere Dinge ausgeben, als es durch den Gulli zu jagen ...

Trinken *(→ Getränke)*

U

Übernachten

Daß man als preisbewußter Verbraucher Fünf-Sterne-Hotels (siehe → Hotel) und Nobel-Wellness-Clubs meidet, versteht sich von selbst. → Jugendherbergen und → Campingplätze sind heutzutage meist recht gut ausgestattet und befinden sich nahezu in jedem größeren Ort (Adressen siehe die entsprechenden Artikel). Eine noch kostengünstigere Übernachtungsmöglichkeit sind Klöster. Egal ob in Deutschland, Österreich, Italien, Spanien oder Griechenland – wer an der Pforte um ein Nachtlager und eine warme Mahlzeit bittet, wird (fast) nie abgewiesen. Paare müssen allerdings verheiratet sein. Das Ganze ist fast immer pro bono, d.h. kostenlos, ein kleines „Vergelt's Gott" und/oder die Teilnahme am Abend- bzw. Morgengebet sind jedoch gern gesehen. Eventuell kann man dem Küchenmönch beim Kartoffelschälen oder Spülen helfen. Sehr gastfreundlich sind die schwarzgekleideten Benediktiner, Prämonstratenser und Zisterzienser; absolut unübertroffen sind jedoch Franziskaner und Kamaldulenser in Italien und Spanien (am braunen Habit leicht zu erkennen) – hier grenzt es schon fast an ein Wunder, wenn man am nächsten Morgen wieder weggelassen wird ... Siehe auch → Urlaub.

Uhren *(→ Schmuck)*

Umzug

Warum einen ganzen Lkw mieten, wenn der Umzug nur aus ein paar Kisten besteht? Die Möbelmitfahrzentrale organisiert Beilademöglichkeiten für Ihren Umzug. Zwei Stunden Möbelschleppen und Versicherung für das Umzugsgut sind inklusive. *Telefon: 01803/23 23 77. Beispiel: 80 Umzugskisten von Hamburg nach Berlin kosten bei der Möbelmitfahrzentrale 450 DM, bei einer Spedition gut und gerne das Dreifache. Die Umzugskartons besorgt man sich gebraucht über eine private Kleinanzeige.* Andere

Möglichkeit: Man besorgt sich über die ADAC-Autovermietung (Internet-Adresse: http://www.adac.de) einen LKW, z.B. einen 3,5-t-Wagen für ein Wochenende von Freitag bis Sonntag einschließlich 200 Freikilometer für 259 DM – inklusive aller nötigen Versicherungen.

Urlaub

Bei Urlaub denken viele sofort an → Last Minute. Das ist zwar unter dem Strich fast immer billiger als eine regulär gebuchte Reise, aber dennoch ein ziemlich teurer Spaß, wenn man bedenkt, daß man noch viel preiswerter – vielleicht sogar ganz umsonst – Urlaub machen kann. Allerdings muß man dafür unter Umständen geduldig suchen. Sehr günstig, aber nicht jedermanns Sache ist ein Wander- oder Fahrradurlaub mit Übernachtungen in → Jugendherbergen oder auf dem → Campingplatz (Adressen siehe dort). Vor allem in den Sommerferien, wenn es kaum Klassenfahrten gibt, findet sich in Jugendherbergen fast immer ein schönes Zimmer. Komfortabler und kaum teurer ist die Übernachtung auf dem Bauernhof. Hübsche Einzelzimmer mit Etagenbad und WC bekommt man in ländlichen Regionen bereits ab 18 DM (z.B. Karlstein bei Bad Reichenhall) – je höher die Höfe liegen, desto billiger (und idyllischer) sind sie. Ich selber habe schon wochenlang kostenlos Urlaub auf Bauernhöfen gemacht – als Gegenleistung habe ich nur jeden Tag eine Stunde bei der Apfel- und Zwetschgenernte mitgeholfen. Wer Urlaub in der Großstadt machen will, sollte sich vorher rechtzeitig über die → Mitwohnzentrale (Adressen siehe dort) eine Unterkunft besorgen oder sich im Anzeigenteil verschiedener Zeitungen nach einer günstigen Übernachtungsgelegenheit umsehen.

Ein heißer Tip ist die Schnorrer-Variante (nur für Personen ohne Gewissensbisse): Man übernachtet im Zelt oder auf dem Campingplatz und geht zum Essen in die nächstgelegene Ferienanlage. Ein Esser mehr oder weniger fällt dem überlasteten Personal meist gar nicht auf. RTL-Reporter machten auf Mallorca die Probe aufs Exempel. Auch die Benutzung von Pools und Club-Sportanlagen ist häufig „gratis" ... – solange man sich nicht erwischen läßt oder eine gute Ausrede parat hat (Beispiel: „Ich wollte hier nur kurz Freunde besuchen ...").

Und hier noch ein Geheimtip für Moralisten: Im „Mallorca-Magazin“ (kann über jeden Kiosk in Deutschland bestellt werden) inserieren regelmäßig Deutsche, die einen zuverlässigen Verwalter für ihre Fincas auf der Sonneninsel suchen. Daß man bei der Bewerbung einen absolut seriösen Eindruck hinterlassen sollte, versteht sich von selbst. Man wohnt kostenlos und kann fantastisch Urlaub machen – ich selbst habe so regelmäßig meine Semesterferien verbracht und ganz nebenbei Spanisch gelernt. Es fallen lediglich Flugkosten an (sogenannte „Campingflüge“ gibt es bereits ab 150 DM, Busfahren auf Mallorca ist spottbillig, das Netz ist hervorragend ausgebaut). Einzige Gegenleistung: Haus und Garten in Schuß halten – aber das sollte kein Problem darstellen, sofern man nicht zwei linke Hände hat. Am besten ist es natürlich, wenn man mit Einheimischen Kontakte knüpft und für ein paar Wochen ganz umsonst wohnen kann (Gegenbesuche anbieten!).

V

Verbraucherzentralen

Die unabhängigen Verbraucherzentralen beraten den Verbraucher in allen Rechtsfragen rund um das Verbraucherschutzgesetz. Wer beispielsweise Probleme mit Garantie und Gewährleistung bei gebrauchten Waren oder „Zweite-Wahl"-Artikeln hat, sollte sich zuerst mit einem Fachmann der Verbraucherzentrale in Verbindung setzen. Die Hersteller sind nämlich laut BGH-Urteil verpflichtet, auch bei gebrauchten Artikeln oder Waren, die den Besitzer gewechselt haben, nachzubessern, sofern der Garantiezeitraum noch nicht abgelaufen ist – dennoch zieren sich viele. Dasselbe gilt auch für Importware (z.B. Autos). Die Beratung bei den Verbraucherzentralen ist in der Regel kostenlos, manche verlangen einen Unkostenbeitrag von 5 bis 40 DM pro Beratungstermin.

Hier die Adressen der größten deutschen Verbraucherzentralen: Arbeitsgemeinschaft der Verbraucherzentralen e. V., Heilsbachstraße 20, 53123 Bonn, Telefon: 0228/6 48 90. Verbraucherzentrale München, Mozartstraße 9, 80336 München, Telefon: 089/93 98 70; Verbraucherzentrale Hamburg, Kirchenallee 22, 20099 Hamburg, Telefon: 040/24 83 22 30; Verbraucherzentrale Frankfurt, Berliner Straße 27, 60311 Frankfurt, Telefon: 069/28 84 23; Verbraucherzentrale Berlin, Bayreuther Straße 40, 10787 Berlin, Telefon: 030/21 48 50; Verbraucherzentrale Leipzig, Scherlstraße 18, 04103 Leipzig, Telefon: 0341/2 61 04 50; Verbraucherzentrale Düsseldorf, Mintropstraße 27, 40215 Düsseldorf, Telefon: 0211/3 80 90; Verbraucherzentrale Stuttgart, Paulinenstraße 47, 70178 Stuttgart, Telefon: 0711/66 81 15; Verbraucherzentrale Rostock, Strandstraße 98, 18055 Rostock, Telefon: 0381/4 93 98 50; Verbraucherzentrale Mannheim, Kirchenallee 22, 68161 Mannheim, Telefon: 0621/2 29 58.

Verhütung

Die billigsten Verhütungsmöglichkeiten sind ohne Frage die Temperatur- bzw. Zeitmethode. Daß diese Varianten jedoch nicht die allersichersten sind, dürfte sich herumgesprochen haben. Wenn dabei etwas Ungewolltes entsteht, kann das unter Umständen ganz schön teuer werden. Praktisch keine Kosten entstehen auch beim Pessar, es sei denn, daß frau es nicht verträgt und dadurch langwierige Entzündungen hervorgerufen werden – was übrigens keineswegs so selten ist. Vaginalschaumzäpfchen haben ebenfalls Vor- und Nachteile, wobei auf Dauer ziemlich hohe Kosten entstehen können. Dasselbe gilt für → Kondome. Die sicherste Verhütungsmethode ist natürlich die → Antibabypille. Wenn frau es geschickt anstellt, bekommt sie sie zum Nulltarif – dann nämlich, wenn sie nachweisen kann, daß sie das Präparat aus medizinischen Gründen braucht (z. B. zur Aknebekämpfung), und der Arzt ein entsprechendes Kassenrezept ausstellt.

Versicherungen (allgemein)

Nach Ansicht der Verbraucher-Initiative für Versicherungen e.V. *(Breite Straße 51, 53111 Bonn, Telefon: 0228/726 33 93; nimmt auch Beschwerden von unzufriedenen Kunden entgegen und versucht Streitfälle zu schlichten)* hat jeder zweite Deutsche mindestens eine unnötige bzw. für ihn unsinnige Versicherung. Gut geschulte Versicherungsvertreter schaffen es mit der Angstmasche immer wieder, Leuten Verträge zu verkaufen, mit denen sie gar nichts anfangen können (z. B. Sturm und Wasser für Mieter im zweiten Stock; Familienhaftpflicht für Singles, Glasbruchversicherung). Folgende Versicherungen zahlen sich unter dem Strich meist nicht aus:

Rechtsschutz: Laut Statistik geben Privatpersonen im Schnitt ca. 100 DM pro Jahr für Anwalts-/Gerichtskosten aus. Die Versicherung kostet aber bis zu 400 DM und springt nur in solchen Fällen ein, die ohnehin erfolgversprechend sind. Im übrigen steht jedem (!) Bürger Prozeßkostenhilfe durch den Staat zu – was die wenigsten wissen. Antrag beim entsprechenden Gericht stellen! Mögliche Ersparnis pro Jahr für Friedfertige: ca. 400 DM.

Glasbruchversicherung: Wer einen Glasbruchschaden verursacht, wendet sich an die Haftpflichtversicherung, die jeder haben sollte. Mögliche Ersparnis pro Jahr: ca. 80 DM.
Insassenunfallzusatzversicherung: Erleiden Sie oder einer Ihrer Mitfahrer einen Personenschaden, zahlt die Haftpflicht des Gegners. Mögliche Ersparnis pro Jahr: ca. 800 DM.
Krankenzusatzversicherung: Lohnt sich höchstens, wenn man sehr oft krank ist und eine Spezialbehandlung in der Klinik braucht. Mögliche Ersparnis pro Jahr: ca. 900 DM.
Vollkaskoversicherung: Nur sinnvoll, wenn das Auto relativ neu ist und man viel unterwegs ist (→ Autoversicherung). Mögliche Ersparnis pro Jahr: je nach Auto, Versicherungsklasse und Gesellschaft über 1.500 DM. Eine Vollkasko kann man übrigens zeitlich begrenzt abschließen, z.B. für die Dauer einer Fahrt ins Ausland.
Autoschutzbriefversicherung: Ziemlich unsinnig, weil die Versicherung nur Abschlepp- und Hotelkosten übernimmt und man die Reparatur sowieso selber tragen muß. Mögliche Ersparnis pro Jahr: ca. 70 DM.
Reiserücktrittsversicherung: Zahlt nur in besonders krassen Fällen wie Tod eines Angehörigen oder schwerer Krankheit (wie Krebs, Aids, Diabetes, Alzheimer, Nervenzusammenbruch), nicht aber bei Grippe, Bronchitis, Mittelohrentzündung usw. – auch nicht, wenn man vom Arbeitgeber keinen Urlaub bekommt. Mögliche Ersparnis pro Reise: ca. 40 bis 60 DM.
Reiseunfallversicherung: Unfälle passieren auf Reisen laut Statistik seltener als in den eigenen vier Wänden. Mögliche Ersparnis pro Reise: ca. 60 DM.
Wichtig: Eine nachträgliche Kündigung durch den Kunden ist meist mit erheblichem Papierkrieg verbunden, da die Versicherer erfahrungsgemäß immer irgendwelche Sperrklauseln aus dem Ärmel zaubern, aber mit Hartnäckigkeit oft möglich – dafür gibt es genügend einschlägige Gerichtsurteile. Wer der Ansicht ist, daß seine Versicherung zu Unrecht die Kündigung einer Police blokkiert, wendet sich an die staatliche Aufsicht für Versicherungen. Das Aufsichtsamt prüft kostenlos die Beschwerde und setzt sich gegebenenfalls mit der Versicherung in Verbindung – und zwar nicht mit irgendeinem Sachbearbeiter, sondern gleich mit dem Abteilungsleiter. Siehe auch → Autoversicherung und → Haftpflichtversicherung.

Adresse: Bundesaufsichtsamt für das Versicherungswesen, Ludwigkirchplatz 3–4, 10719 Berlin, Telefon: 030/8 89 30.

Die billigsten Gesellschaften:

Anbieter	Anschrift	Telefon
WGV Schwäbische Allgemeine	Tübinger Straße 43, 70178 Stuttgart	0711/9 66 66 66
Cosmos direkt	Halbergstr. 52–54, 66121 Saarbrücken	0681/9 66 66 66
Debeka	56506 Koblenz	0261/4 98 13 64/5
Deutsche Allgemeine	PF 5560, 65730 Eschborn	0180/2 34 35 01
Dialog	Dammtorstr. 13, 20354 Hamburg	040/35 08 22 87
Europa	Piusstr. 137, 50931 Köln	089/29 16 52 10
Ontos	Dürener Str. 295–297, 50935 Köln	0221/4 67 12 00
Patria	Riehler Str. 88–90, 50668 Köln	01803/32 32 80

Versteigerung *(→ Auktionen)*

Vitamine

Wer sich nicht mit Obst und Gemüse auskennt, dafür aber im Internet, kann sich preiswert einen Vitaminstoß besorgen. Dort bieten Vitamin-Versandhäuser ihre Dienste an. Der Zeitschrift *Men's Health* zufolge kosten beim kanadischen „Club Vitamin" (http://www.clubvitamin.com) 1000 Kapseln hochwertiges Vitamin E (je 400 Internationale Einheiten) etwa 90 DM, in Deutschland dagegen mehr als 300 DM. Ähnliche Preisspannen gibt es für andere Vitamine, Mineralstoffe, Spurenelemente, Aminosäuren usw. Ehe Sie das Vitaminpäckchen erreicht, müßten Sie allerdings für 30 DM Jahresgebühr Club-Mitglied werden. Achtung: Im Internet tummeln sich auch unseriöse Anbieter. So wurde z.B. auf einer Page das Vitamin A-Präparat Retin A als Mittel gegen Akne angepriesen – ohne den Hinweis, daß es bei ungeborenen Kindern zu schwersten Mißbildungen führen kann. Sprechen Sie deshalb vorher mit Ihrem Arzt, wenn Sie etwas im Internet bestellen. Wer den Kauf via Datenhighway scheut, kann vielleicht Freunde oder Verwandte in Übersee bitten, Vitamine für ihn zu besorgen – denn dort sind sämtliche Nahrungsergänzungspräparate wegen der deutlich höheren Nachfrage um durchschnittlich 60 Prozent preiswerter als hierzulande. Auch in Holland bekommt man hochdosierte Vitamine in jedem Supermarkt sehr günstig. *Kontaktadresse für die Holland-Connection: HiLife (Extension) e. V., Kuhstraße 45, 47533 Kleve.*

W

Wäschetrockner

Inzwischen hat annähernd jeder zweite Haushalt ein solches Gerät, das nicht nur in der Anschaffung einiges kostet (je nach Gerät ab 500 DM, z.B. bei Versandhaus Quelle), sondern auch im Gebrauch ein „Stromfresser“ ist – bei zweimaliger Benutzung pro Woche nämlich bis zu 50 DM pro Jahr (Quelle: Verbraucherzentrale Hamburg). Zusätzlich muß das Flusensieb nach jedem Benutzungsvorgang gereinigt werden, überdies ist ein regelmäßiger Austausch des Siebs ratsam, was im Jahr nochmals Kosten von bis zu 50 DM verursachen kann. Also die Wäsche lieber auf der guten alte Leine in der Sonne trocknen lassen!

Waschmaschine

Wer eine Waschmaschine anschaffen will, kann viel Geld sparen, ohne auf gute Qualität und schnellen Kundendienst vor Ort verzichten zu müssen. Möglich machen das – neben zahlreichen Privatangeboten im Kleinanzeigenteil diverser Zeitungen – einige No-name-Marken und Hersteller mit ihren preiswerten Angeboten (Adressen siehe unten). Laut Rainer Jacobi, Elektromeister beim größten unabhängigen Haustechnikservice HTS in Deutschland, haben Waschmaschinen eine voraussichtliche Lebensdauer von 20 bis 25 Jahren – egal, ob sie von sehr bekannten oder weniger bekannten Anbietern kommen und was sie kosten. Denn in den Geräten sind durchwegs Bauteile der gleichen europäischen Hersteller. Die Geräte unterscheiden sich lediglich in Ausstattung, Leistung – und Preis. Falls möglich, wäscht man immer nur nachts – da sind die Stromtarife nämlich niedriger. Daß die Trommel stets voll sein sollte und man auf den Vorwaschgang verzichtet, versteht sich von selbst. Kochwäsche wird mit dem Energiesparprogramm (60 Grad Celsius) genauso sauber wie mit dem 95-Grad-Kochprogramm. Für Buntwäsche stellt man das Energiesparprogramm (30 Grad Celsius) ein – das reicht in den

meisten Fällen. Ansonsten gilt: Mit dem → Waschmittel sehr sparsam umgehen – erfahrungsgemäß reicht fast immer die Hälfte der vom Hersteller vorgeschlagenen Menge vollkommen aus (siehe auch → Waschmittel). *Hier einige preiswerte Firmen: Bayer, Telefon: 0671/8 40 41 10; Beko, Telefon: 0180/5 22 58 99; EBD, Telefon: 0203/7 97 80; Fagor, Telefon: 02131/9 16 60; Gorenje, Telefon: 089/50 20 70; Ignis, Telefon: 01802/25 23 25; Indesit, Telefon: 069/6 05 00 50. Relativ günstige Waschmaschinen ab Werk bietet auch der Markenhersteller AEG (30 Prozent Rabatt) an. Für eine Versandpauschale von 50 DM kommt das Gerät auch direkt nach Hause. Telefon: 07031/6 66 80.*
Internet-Adressen:
http://www.abwerk.de; flohmarkt.de; netmarkt.de;
http://www.promarkt.de.

Waschmittel

Die Reinigungskraft der heutigen hochkonzentrierten Waschmittel ist so stark, daß meist die Hälfte der vom Hersteller angegebenen Menge ausreicht. Ein Packung hält auf diese Weise doppelt so lange, und man schont die Umwelt. Das gleiche gilt im übrigen für Spülmittel. *Spezialtip:* möglichst große Packungen kaufen (auf Sonderaktionen achten!), denn Waschmittel hält sich ewig. Weißer Riese, Omo oder Persil waschen auch nicht weißer als No-name-Produkte von Norma oder ALDI; diese sind jedoch bis zu 50 Prozent billiger.

Wasserhahn (tropfender)

Wußten Sie, daß ein tropfender Wasserhahn (ein Tropfen pro Sekunde) Sie im Jahr knapp 40 DM kostet? Mit neuen Dichtungen für ungefähr 50 Pfennig sparen Sie täglich bis zu 17 Liter. Auf das Jahr umgerechnet sind das ca. 6.200 Liter Wasser.

Wasserkosten

Hier läßt sich mehr sparen, als man zunächst vermutet. Siehe → Baden, → Körperpflege, → Toilettenspülung, → Wasserhahn, → Blumengießen, → Zähneputzen. Realistisches Einsparpotential pro Jahr: gut und gerne 300 DM!

Weihnachtsbaum

Vom ökologischen und gesundheitlichen Aspekt einmal ganz abgesehen – Tannen und Fichten aus skandinavischen Ländern sind selbst eineinhalb Jahrzehnte nach der Tschernobyl-Katastrophe noch immer radioaktiv verstrahlt –, überwiegen bei Weihnachtsbäumen ganz klar die negativen Aspekte: Anschaffungskosten, Transportproblem, Lagerproblem, Nadeln, Entsorgung. Dennoch braucht niemand auf die gemütliche Weihnachtsstimmung zu verzichten, denn es gibt mehrere Alternativen: So kann man beispielsweise einen Oleanderbaum, der im Sommer den Balkon ziert, festlich schmücken. Dasselbe gilt für anderes grünes Gewächs. Die Kerzen stellt man natürlich selbst her (→ Adventskranz), und auch hinsichtlich → Weihnachtsschmuck läßt man Kreativität und Fantasie freien Lauf. Traditionalisten, die unter keinen Umständen auf den guten alten Tannenbaum verzichten wollen, bekommen ihn am billigsten am 24. Dezember nach 14 Uhr. Allerdings muß man sich dann mit dem begnügen, was übriggeblieben ist. Manchmal geben die Händler auch Rabatt, wenn man gleich mehrere Bäume kauft (z.B. für Freunde, Verwandte). *Tip:* Auf dem Land sind die Bäume meist deutlich günstiger als in der Stadt – es kann sich daher lohnen, den Weihnachtsausflug schon vor Heiligabend zu machen …

Weihnachtsschmuck

Über einen Christkindlmarkt zu bummeln, macht um so mehr Spaß, wenn man sich von vornherein darüber im klaren ist, daß man sich nicht über den Kommerz und die unchristlichen Preise aufregt – und dementsprechend auch nichts kauft. Hübschen Christbaumschmuck kann man sich aus Stroh, Bindfäden und Glanzpapier jederzeit selbst basteln. Im Bastelgeschäft gibt es bereits vorgeschnittene Strohhalme, die man für einige Stunden in lauwarmes Wasser legt, damit sie besser zu verarbeiten sind. Solange die Halme noch feucht sind, lassen sich die Enden problemlos schräg anschneiden und mit einem Stückchen Bindfaden oder mit einer Goldschnur schön zusammenbinden. Im übrigen spricht nichts dagegen, die zu Ostern ausgeblasenen, bunt bemalten Eier an den Christbaum zu hängen – Geburt und Auferstehung des

Erlösers hängen schließlich irgendwie zusammen. Wer dennoch auf gekauften Weihnachtsschmuck steht, sollte mit dem Kauf nach Möglichkeit bis zum 27. Dezember warten – dann purzeln nämlich die Preise ins Bodenlose.

Wertpapiere *(→ Aktien)*

Wertstoffhof

Wertstoffhöfe sind die reinsten Fundgruben, wenn man die Augen etwas offenhält. Ich staune immer wieder, was die Leute so alles wegwerfen. Hier zu stöbern, hat nicht das geringste mit Lumpensammlerei zu tun, sondern ist absolut elementarer Bestandteil kreativen Sparens. Mit etwas Glück kommt man auf diese Weise recht billig an allen möglichen Hausrat, Kleidungsstücke, Fahrräder usw. Sogar ein Keyboard habe ich hier schon gefunden – es hatte lediglich den Fehler, daß die Hauptsicherung defekt war. Die Reparatur, die ich als Bastellaie selbst ausführen konnte, dauerte gerade mal eine knappe Stunde und kostete mich neben einem Anruf beim Hersteller nur 2,50 DM Materialkosten für eine neue Sicherung. Auch Schreibtische, Blumenkästen, Videokassetten, fast neue Töpfe und eine Schneeschaufel habe ich schon auf dem Wertstoffhof gefunden. *Spezialtip:* sich einfach am Eingang postieren und die Leute, die ihren „Müll" abladen wollen, konkret ansprechen! Nach meiner Erfahrung sind Wertstoffhöfe in Stadtrandgemeinden am erfolgversprechendsten. Viele Zeitgenossen haben auch noch anderes „Gerümpel" zu Hause, das sie loswerden wollen (z.B. Haushaltsauflösung etc.).

Windeln

Die im Handel erhältlichen Papier- und Plastikwindeln mit Klebeverschluß kosten für ein einziges Kind gut und gerne 120 DM im Monat und machen obendrein Probleme bei der Entsorgung. Viel preiswerter und außerdem umweltverträglicher sind die guten alten Stoffwindeln (ausleihen, nicht kaufen!) – man bekommt sie in vielen → Second-Hand-Läden (Adressen siehe im entsprechenden Artikel), Apotheken und Mutter-Kind-Gruppen z.B. in Pfarrgemeinden. Natürlich fällt dabei etwas Mehrarbeit an, aber wenn man sich vielleicht mit Nachbarn oder Bekannten, die ebenfalls ein Kind haben, das Waschen teilt, ist das Ganze halb so wild – zumal es sich dabei ja ohnehin um ein vorübergehendes „Problem“ handelt. In der heutigen Zeit Stoffwindeln zu benutzen, mag vielleicht anachronistisch sein, aber es entlastet das Portemonnaie (und die Umwelt) spürbar.

Wohnen

Billiger Wohnraum ist trotz des seit einigen Jahren relativ großen Angebots auf dem Mietwohnungsmarkt vielfach noch immer schwer ausfindig zu machen. Auf keinen Fall sollte man sich an einen Makler wenden oder Wohnungen mieten, die von Vermittlern angeboten werden – die Provisionen können frei festgesetzt werden und betragen nicht selten bis zu drei Monatsmieten. Rechnet man noch die Kaution hinzu, ist man schnell bei mehreren tausend Mark. Wer seinen Job nicht gerade mitten im Zentrum einer Großstadt hat, zieht am besten weit aufs Land – hier bekommt man selbst gute Wohnungen oft regelrecht nachgeworfen. Eine mögliche Alternative sind Wohngemeinschaften. Noch besser: Man schreibt verschiedene Baufirmen bzw. Genossenschaften, Schulen, Freizeitheime usw. an und bewirbt sich als Hausmeister – so kommt man am schnellsten zu einer kostenlosen (oder stark preisreduzierten Wohnung). Eine handwerkliche Ausbildung ist dafür nicht unbedingt erforderlich, allerdings sollte man schon einen Hammer von einer Sichel unterscheiden, defekte Sicherungen austauschen und mit dem Rasenmäher umgehen können; auch zum Schneeschippen darf man sich nicht zu schade sein. Unbedingt empfehlenswert sind Mietgesuche auf den Schwarzen Brettern größerer Firmen, deren Mitarbeiter oft Part-Time-Nutzer für ihre Abschreibeobjekte suchen. Hin und wieder liegen diese Domizile sogar in idyllischen Feriengebieten, wo die Damen und Herren Manager einmal im Jahr Urlaub machen – dann muß man das Häuschen natürlich räumen. Wer einen sympathischen Eindruck hinterläßt und sich bereit erklärt, so eine Art „Aufpasser“ während der unbewohnten Zeit zu spielen, kann zeitweise vielfach ganz umsonst wohnen – ich selbst habe dies als Student jahrelang praktiziert und nie eine Mark Miete oder Kaution bezahlt. Wem das alles zu anstrengend ist, der kann sich an eine der 43 Mitwohnzentralen im Verband der Deutschen Mitwohnzentralen (alle haben dieselbe Rufnummer, nämlich: Vorwahl der nächsten Großstadt plus 1 94 45) oder an den Ring Europäischer Mitwohnzentralen (Vorwahl der nächsten Großstadt plus 1 94 30) wenden (Adressen siehe im Artikel → Mitwohnzentrale).

Z

Zähneputzen

Wer beim Zähneputzen das Wasser nicht ununterbrochen laufen läßt, spart laut Statistik der Verbraucherzentralen bis zu 25 DM Wasserkosten im Jahr. Der gute alte Zahnputzbecher reicht völlig aus, um den Mund und die Zahnzwischenräume nach dem Putzen auszuspülen. Und: Ein Drittel der Pasta auf der Bürste genügt völlig (entgegen den Reklamebildern!). Völlig unnötig und vom gesundheitlichen Standpunkt unsinnig sind elektrische Zahnbürsten, auch wenn sie neuerdings von einigen Dentisten empfohlen werden. Viele Zahnärzte und die Verbraucherzentralen lehnen die „Elektroschrubber“ ab – aus mehreren Gründen. Einer davon ist die elektromagnetische Belastung des Kauapparates. Aus Verbrauchersicht ist zu sagen, daß teure elektrische Zahnbürsten nur den Herstellerfirmen nützen.

Zahnarzt

Wohl jeder, der Zahnbehandlungen schon mal (anteilig) privat bezahlen mußte, hat sich über die hohen Zahnarztrechnungen geärgert. Allerdings kann man sich in 15 Staaten der EU ohne zusätzliche Genehmigung der Krankenkasse zahnärztlich behandeln lassen und sich dann das Geld von der Kasse zurückholen (Urteile des EU-Gerichtshofes: Aktenzeichen C-158/96 und C 120/95). *Beispiel Zahnersatz: Eine Gold-Keramik-Krone kostet in Deutschland ca. 1.500 DM. Festzuschuß der Kasse: 400 DM, Eigenanteil: 1.100 DM. Der Zahnarzt auf Mallorca macht's für 700 DM (bei gleicher Qualität, die meisten sprechen Deutsch). Eigenanteil: 320 DM. Gespart: 780 DM. Anderes Beispiel: Sechs Zahnkronen kosten in Deutschland rund 5.500 DM, die Kasse übernimmt davon lediglich 1.530 DM. Auf Mallorca kostet dieselbe Behandlung 3.000 DM. Von den gesparten 2.500 DM kann man ausgiebig Urlaub machen.* Adressen von im Ausland tätigen deutschsprachigen Zahnärzten erhält man z.B. in der Urlauberzeitschrift *Mallorca-*

Magazin, die jeder Zeitschriftenhändler hierzulande bestellen kann. 20 Adressen von deutschen Zahnärzten auf Mallorca bietet der „Gesundheitskompaß“, der unter Telefon 0190/88 66 55 (3,60 DM pro Minute) bestellt werden kann. Vorsicht ist allerdings geboten bei der Behandlung in ausländischen Privatkliniken: Sie langen oft kräftiger zu als in Deutschland.
Auch in der Türkei warten sehr günstige Zahnärzte auf deutsche Patienten. Die Firma *meditours* aus Marne (Telefon: 04851/85819) bietet individuelle Praxis- und Klinikbehandlung am Ionischen Meer zu Dumpingpreisen an. Auch hier sind westliche Standards garantiert. Die Vertragszahnärzte sind in Deutschland ausgebildet und behandeln vorwiegend europäische Nato-Angehörige und ihre Familien. Einziger Haken: Viele Krankenkassen verlangen eine deutschsprachige Rechnung, bevor sie den Zuschuß leisten. Die Übersetzungskosten trägt der Versicherte. *Urteil des EU-Gerichtshofs: „Eine nationale Regelung, die die Erstattung der Kosten für Zahnbehandlung durch einen Zahnarzt von einem anderen Mitgliedsstaat nach den Tarifen des Versicherungsstaats von der Genehmigung des Trägers der sozialen Sicherheit des Versicherten (Krankenkasse, Anm. d. Verf.) abhängig macht, verstößt gegen die Artikel 59 und 60 (Freier Dienstleistungsverkehr, Anm. d. Verf., Aktenzeichen C-158/96).“* Wichtig: Der Gesetzgeber hat festgelegt, daß deutsche Zahnärzte ihr Honorar für alle Kassenleistungen auf das 1,7fache und in den neuen auf das 1,86fache des privaten Gebührensatzes der amtlichen Gebührenordnung für Zahnärzte (GOZ) begrenzen müssen. In den neuen Bundesländern ist der festgesetzte Satz höher, weil die Honorare mit einem dort geltenden Vergütungsabschlag niedriger sind. Viele halten sich jedoch nicht daran – daher kann es sich lohnen, die Rechnung genau nachzuprüfen. Letzter Tip: Wenn Sie notwendige Zahnreparaturen von Assistenzärzten durchführen lassen (z.B. Entfernen von Zahnstein), fällt der Eigenanteil für Sie wesentlich geringer aus. *Empfehlenswerte Internet-Adressen: htttp://www.hotbot.com; htttp://www.zahngesund.de*

Zeitungen/Zeitschriften

Im Kommunikations- und Informationszeitalter ist es nicht nötig, Zeitungen und Zeitschriften selbst zu kaufen. Ein Jahresabonnement für eine überregionale Tageszeitung kostet zwischen 500 und 600 DM (→ Abonnement). Via Fernsehen oder das gute alte Radio wird man ebenfalls ausreichend informiert. Wer trotzdem Lust auf Gedrucktes hat, kann beispielsweise bei einem Arztbesuch das Notwendige mit dem Nützlichen verbinden (im Wartezimmer liegen stapelweise Zeitschriften herum). In öffentlichen Büchereien kann man stundenlang gratis in allen möglichen Zeitungen und Fachzeitschriften schmökern oder sie sogar ausleihen (meist wenn die nächste Ausgabe erscheint). Gute Aussichten, eine kostenlose Zeitung zu erwischen, hat man im übrigens auch in der S-Bahn, da andere Reisende ihre Lektüre oft zurücklassen. Weitere Möglichkeit: Man ruft bei den Verlagen an (bzw. geht direkt vorbei) und fragt nach Fehldrucken oder → Remittenden – das sind Exemplare, die der Zeitschriftenhändler wieder zurückgegeben hat. Das lohnt sich natürlich nur bei wöchentlich oder monatlich erscheinenden Heften. Wer das Geld für Tageszeitungen sparen will, kann zum Verlagsgelände spazieren (sofern in der Nähe gelegen) und die ausgestellte Zeitung hinter Glas lesen.

Zelten

Zweifellos die preiswerteste Methode des → Übernachtens (die billigsten Campingplätze in Europa siehe → Camping). Zelten mit Schlafsack ist vor allem in der warmen Jahreszeit empfehlenswert. Kleine Ein-Mann-Zelte (siehe → Campingartikel) kann man problemlos mit dem Fahrrad transportieren und spielend leicht auf- bzw. abbauen.

Zugfahren *(→ Bahnfahren)*

Zweiräder *(→ Motorräder, → Fahrräder)*

Euro-Kurstabelle

DM	Euro*)	DM	Euro*)
1	0,51	80	40,90
2	1,02	90	46,02
3	1,53	100	51,13
5	2,56	150	76,69
10	5,11	175	89,48
15	7,67	200	102,26
20	10,23	250	127,82
30	15,34	300	153,39
40	20,45	500	255,65
50	25,57	700	357,90
60	30,68	900	460,16
70	35,79	1.000	511,29

1 Euro = 1,95583 DM

*) gerundet

Euro-Kurstabelle

Euro	DM*)	Euro	DM*)
1	1,96	60	117,35
2	3,91	70	136,91
3	5,87	80	156,47
5	9,78	90	176,03
7	13,68	100	195,58
10	19,56	125	244,48
15	29,34	200	293,38
20	39,12	250	391,17
25	48,90	300	488,96
30	58,68	350	586,75
40	78,23	400	782,33
50	97,79	500	977,92

1 DM = 0,51129 Euro

*) gerundet

Buchanzeigen

alles easy?

Hermann Ehmannn
affengeil
Ein Lexikon der Jugendsprache
4., durchgesehene Auflage. 1996. 156 Seiten. Paperback
Beck'sche Reihe Band 478

Hermann Ehmann
oberaffengeil
Neues Lexikon der Jugendsprache
1996. 159 Seiten. Paperback
Beck'sche Reihe Band 1170

Jürgen Abel
Cybersl@ang
Die Sprache des Internet von A bis Z
1999. 115 Seiten. Paperback
Beck'sche Reihe Band 1294

Eike Schönfeld
Alles easy
Ein Wörterbuch des Neudeutschen
3., unveränderte Auflage. 1997. 175 Seiten. Paperback
Beck'sche Reihe Band 1126

R. W. B. McCormack
Travel Overland
Eine anglophone Weltreise
1999. 126 Seiten mit 18 Abbildungen. Paperback
Beck'sche Reihe Band 1297